LES MONUMENTS

DE

CARCASSONNE.

LES

MONUMENTS

DE

CARCASSONNE

PAR

M. CROS-MAYREVIEILLE,

Docteur en Droit, Inspecteur des Monuments historiques, Correspondant du Ministre de l'Instruction publique pour les travaux de l'Histoire de France, de l'Académie Espagnole d'archéologie, etc.

PARIS,

A LA LIBRAIRIE ARCHÉOLOGIQUE DE VICTOR DIDRON,

RUE HAUTEFEUILLE, 13.

MDCCCL.

1851

Carcassonne, Imprimerie de C. LABAU.

L'auteur s'est efforcé de donner à ce livre une forme propre à populariser ses études sur les Monuments de Carcassonne. Mais comme quelques-unes de ses opinions, surtout en ce qui concerne l'archéologie militaire encore si peu avancée, sont entièrement neuves, il a cru devoir donner les preuves à l'appui. Les *Notes* comprennent aussi des développements et des détails dont la connaissance n'est pas indispensable pour apprécier les Monuments de Carcassonne, mais elles seront peut-être de quelque intérêt pour les érudits.

La Cité de Carcassonne est généralement regardée comme le plus curieux Monument militaire de la France. Les Romains, les Wisigoths, les Arabes y ont laissé des traces, encore visibles, de leur domination; les plus anciens Comtes de Carcassonne, saint Louis, Philippe-le-Hardi, et leurs successeurs jusqu'à Louis XIII, ont reconstruit ou réparé diverses parties des fortifications de cette ville; de telle sorte qu'on peut y suivre un cours d'architecture militaire, depuis les Romains jusqu'aux temps modernes.

Afin d'être aussi complet que possible, l'auteur fait connaître tous les Monuments des deux villes de Carcassonne qui méritent quelque attention; mais il recommande d'une manière particulière la visite et l'étude des Monuments militaires et religieux de la Cité.

PRÉCIS HISTORIQUE.

PRÉCIS

DE L'HISTOIRE MONUMENTALE

DE CARCASSONNE.

Trois siècles environ avant J.-C., au milieu de l'immense bassin, borné au sud par les
Pyrénées, et au nord par les Cévennes, une
tribu Volke fonda la Cité ou Ville-Haute de
Carcasssonne, *Carcaso* ou *Carcasum*, et lui
donna son nom. Le plateau qui s'étend vers le

sud-ouest dans le voisinage de cette ville s'appelle *Carsac* : ce nom, que nous savons avoir été usité depuis le commencement du moyen-âge paraît être aussi ancien que celui de Carcassonne. La rivière d'Aude coulait au bas de ce plateau, côtoyait le rocher sur lequel est bâtie la Cité, arrivait jusqu'au pied de la colline sur laquelle s'élève aujourd'hui l'église de Ste-Marie de St-Sauveur, et couvrait fréquemment l'espace occupé par la Trivalle-Basse, la moitié de la Ville-Basse et la Prairie des chanoines. L'approche des deux autres côtés de la Ville-Haute était protégée par des ravins profonds, de telle sorte que sa situation naturelle en faisait un point important pour la défense de la Gaule. L'éminence sur laquelle campait la tribu Volke de Carcassonne fut fortifiée d'une manière permanente par ses premiers habitants.

Carcassonne subit le sort commun aux populations de la Gaule méridionale, pendant l'invasion des Romains. Quand ceux-ci s'en

furent rendus maîtres (117 ans avant J.-C.),
ils en firent une ville d'entrepôt, et la placè-
rent au rang des cités nobles de la Gaule
(70 de J.-C.). A la suite des malheurs de
l'empire, elle perdit ses priviléges et ne fut plus
classée que comme citadelle, *Castellum* (337).
Les Francks et les Allemands s'en emparèrent
(350). Peu d'années après, les Romains y ren-
trèrent; mais les Wisigoths finirent par s'y
établir en maîtres (440).

Les Wisigoths firent de Carcassonne le
boulevard de leur puissance dans la Gaule, y
exécutèrent des travaux d'art pour sa défense,
et quand Clovis, après avoir vaincu Alaric à
Toulouse, voulut étendre jusqu'aux Pyrénées
les frontières de son royaume, les murs de
Carcassonne arrêtèrent sa marche victorieuse
(507), et l'empêchèrent de réaliser ses projets. Gontran, roi des Burgondes, entra dans
Carcassonne (585), mais ne put s'y maintenir ; les Wisigoths y rétablirent leur autorité,
qui s'y maintint jusqu'à l'arrivée des Sarrazins.

Moussa-ben-Nossayr s'empara de Carcassonne (713), et tandis que les autres parties de la Gaule ne connaissaient les Sarrazins que par leurs *razzia*, cette ville devint pour eux un lieu de refuge, où ils fondèrent des établissements durables. Dans les démêlés qui agitèrent la cour des Kalifes, elle se prononça pour le parti d'Okba-ben-Hedjadj, lequel vint y finir ses jours (732). Peu de temps après la chute des Kalifes Ommiades, Pepin, roi des Franks, profita des dissensions intestines des Arabes pour s'emparer de tout le territoire qu'ils possédaient au nord des Pyrénées (759). Pepin attachait une grande importance à la possession de Carcassonne, parce que par cette conquête il mettait un terme, en deçà des Pyrénées, à la lutte terrible que l'Islamisme avait engagée contre la chrétienté. Il crut utile à sa politique de caresser les populations, et leur promit le maintien de leurs coutumes et de leurs lois. A la mort de Pepin, Carcassonne fut placée sous l'autorité de

Carloman (768); trois ans après, elle passa sous celle de Charlemagne.

Carcassonne fut alors administrée par des Comtes Franks, et eut beaucoup à souffrir des incursions des Arabes et des Normands(860). Au milieu de l'anarchie et des guerres civiles qui furent la suite de la mort de Charlemagne, Oliban se proclama comte héréditaire (877).

Le comte Roger 1er agrandit ses états, qu'il appelait *la province de Carcassonne*, et forma une cour de *proceres*. Il fonda le château Comtal, commença la reconstruction de la cathédrale St-Nazaire et favorisa l'industrie des habitants (957-1012). Ses descendants dispersèrent cette succession. Raymond, l'un d'eux, se maria avec la fille du comte de Béziers et d'Agde ; un autre, nommé Bernard, ayant eu en partage une partie du Conserans et les vallées de l'Ariége, devint la tige de la maison de Foix. Les autres vendirent leurs droits sur Carcassonne à la maison de

Barcelonne. Mais les Pyrénées séparaient les habitants de Carcassonne du siége du gouvernement. Cet éloignement enleva à l'administration locàle toute sa force : les seigneurs châtelains devinrent les oppresseurs du clergé, de la bourgeoisie et des hommes libres disséminés dans les campagnes.

Bientôt une milice bourgeoise s'organisa spontanément dans Carcassonne ; de leur côté, les seigneurs marchèrent avec leur vassaux sur cette ville. Ils étaient sur le point de s'en rendre maîtres, lorsque pour rallier tous les efforts on songea à une fille de Roger Ier, Hermengarde, femme de Raymond Trencavel, laquelle résidait non loin du comté. Elle avait un fils dans toute la vigueur de la jeunesse, nommé Bernard-Aton qui, après avoir promis de protéger le clergé et la bourgeoisie, prit le commandement des troupes, et vainquit les seigneurs châtelains (1082).

L'inauguration d'une nouvelle dynastie féodale fut le premier résultat de cette mémorable révolution, passée inaperçue jusqu'à présent. La race des Trencavels, dont l'élévation eut sur les bords de l'Aude une origine toute populaire, y remplaça pour jamais celle de Roger Ier; mais Bernard-Aton oublia bientôt ses serments, et se rendit odieux à la bourgeoisie et au clergé. La Cité de Carcassonne et ses faubourgs se révoltèrent contre lui. Le Pape dut intervenir pour rétablir la concorde, et ramener le vicomte à de meilleurs sentiments (1096). Sous l'administration de son successeur, le commerce et l'industrie locale prirent un grand accroissement; des foires qui duraient plusieurs jours furent instituées à Carcassonne. Quelques châteaux vinrent peupler le voisinage de la ville, d'autres furent placés sous sa dépendance à la suite de divers traités (1160).

La cour des vicomtes de Carcassonne devint alors le rendez-vous des troubadours; le roi d'Aragon lui-même venait prendre part aux fêtes poétiques qui se célébraient dans le

château de la cité de Carcassonne (1180). En
même temps les doctrines des Albigeois trouvèrent sur les bords de l'Aude de nombreux
partisans; peu après leur apparition, une église
hérétique s'y constitua. Pour arrêter les pro-
grès des nouvelles doctrines, l'évêque de Carcassonne prêcha lui-même la croisade à ses
diocésains; mais il fut aussitôt chassé de l'é-
glise et de l'enceinte même de la ville. Le
Pape envoya des légats dont l'intervention fut
aussi impuissante que l'avait été la prédication
de S-Dominique. La croisade armée s'organisa
alors dans toute la France. Les populations
méridionales se soulevèrent pour la repousser;
mais l'esprit d'association fit défaut; le comte
de Toulouse se soumit, de son côté le vicomte
de Carcassonne demanda à traiter de la paix;
mais ses offres furent repoussées. La citadelle
et les faubourgs qu'il possédait sur les bords
de l'Aude, étant considérés comme le boulevard des Albigeois, la catholicité voulut une
soumission absolue, et telle que l'hérésie ne pût

plus se relever (1209). Soixante mille hommes environ marchèrent contre Carcassonne.

Un siége fut entrepris dans les règles; toutes les resssources de l'art militaire en usage à cette époque y furent mises en œuvre, et ce ne fut qu'après une résistance héroïque , qui dura quinze jours, que les croisés s'en rendirent maîtres.

Malgré les protestations de plusieurs nobles barons de l'armée catholique, Simon de Montfort, qui avait commandé le siége, devint le successeur, de fait, du vicomte de Carcassonne, retenu par lui prisonnier dans le château comtal. Mais cette usurpation ne fut pas sanctionnée par les populations. Le Pape, de son côté, hésita à la soutenir. Simon de Montfort se déclara le vassal du roi de France. Malgré cette précaution, il n'en légua pas moins un pouvoir contesté à son fils Amaury (1218). Celui-ci n'ayant ni les talents, ni les précédents de son père, ne put se maintenir; le roi Louis VIII s'empara alors de Carcassonne. Dans

la suite, les partisans du vicomte se réunirent
et vinrent assiéger les Faubourgs et la Cité
(1240). Cette tentative ne fut pas couronnée
de succès; mais bientôt après la famille des
Trencavel fut rétablie dans le château comtal de Carcassonne (1244). Cependant le dernier rejeton de cette dynastie était trop jeune
pour résister plus longtemps à la pensée d'a-
grandissement de St-Louis. La vicomté de
Carcassonne fut irrévocablement réunie à la
couronne de France (1247).

La vie politique locale fut dès-lors sensiblement affaiblie. Désormais il n'y a plus
d'histoire particulière pour Carcassonne; elle
n'est plus, si l'on en excepte de rares circons-
tances, que l'écho affaibli des grands événements qui s'accomplissent dans le royaume.

St-Louis voulut signaler sa prise de possession par une amnistie générale de tous les hé-
rétiques qui voudraient rentrer dans leurs fo-
yers; il leur donna ensuite la faculté de rebâ-
tir les anciens faubourgs de St-Michel et de

St-Vincent démolis par Simon de Montfort;
mais il y mit pour condition qu'ils seraient rele-
vés sur un point qui ne pût nuire à sa forteresse. Les officiers du roi indiquèrent d'abord
l'espace qui s'étendait entre le château et la
rivière, mais ce lieu étant reconnu insuffisant,
ils choisirent un terrain appelé Aigues-Mortes,
situé à l'ouest et au-delà de la rivière d'Aude. Un
pont de pierre fut alors construit, car depuis
1184, époque à laquelle sa construction avait été
autorisée par le vicomte, les temps n'avaient pas
été propices à l'exécution d'un projet aussi
dispendieux. La Ville-Basse ou Bourg-neuf
fut alors fondée. Son enceinte comprenait tout
l'espace qui s'étend de l'extrémité ouest du
pont vieux jusqu'au pied du côteau de Grasaille, de là au point de jonction des chemins
actuels de Limoux et de Montréal, de là au
cimetière actuel dit de St-Michel, et enfin au
pont vieux.

En 1276, les craintes qu'inspira la guerre
de Navarre détermina les habitants à sollici-

ter la faculté de clore de murs le nouveau
bourg. Philippe-le-Hardi accueillit favorable-
ment cette demande.

A peine furent-ils établis dans leurs nouvelles demeures que, soit à cause des vexa-
tions des officiers royaux et de l'inquisition ,
soit à cause de la faveur que le roi d'Aragon
maintenait aux produits industriels de Carcassonne, les consuls et une grande partie des
habitants voulurent se séparer de la France.
Cette tentative n'eut pas de résultat, et ceux
qui en avaient été les provocateurs furent
pendus sans miséricorde (1305).

La population était à peine remise de l'é-
motion des derniers événements, que le prince
de Galles traversa le Languedoc comme une
lave enflammée, brûla et pilla la Ville-Basse
de Carcassonne, mal défendue par des murailles de terre; la Cité ne fut même pas atta-
quée. Les habitants du nouveau bourg com-
prirent alors qu'il était inutile de protéger
une grande enceinte qui renfermait plus de

jardins et de champs que de maisons ou de rues. Ils réduisirent la ville à l'enceinte actuelle (1354).

Un siècle après la reconstruction de la Ville-Basse, un terrible incendie consuma l'Hôtel-de-Ville, où périrent des documents historiques précieux (1434). Ce fut presque à cette époque que deux arches du pont s'écroulèrent, et que les deux villes furent en outre affligées de trois années de disette et troublées par l'invasion des *écorcheurs* qui furent cependant repoussés avec courage.

Quelques discussions s'élevèrent entre les consuls et les représentants du pouvoir royal; elles finirent par une levée de boucliers (1505), à la suite de laquelle les élections furent faites, non par vote individuel, mais par acclamation. Ces agitations n'étaient que le prélude des nouvelles guerres religieuses. Le luthéranisme et le calvinisme avaient paru depuis quelques années à Carcassonne, lorsque le peuple se souleva contre les nouveaux sectaires (1560). L'armée de Coligny s'approcha de cette ville (1570). Joyeuse entra dans la Cité (1587). Le roi (1589) établit le parlement de Toulouse à Carcassonne, où il tint ses séances dans le réfectoire du couvent des Augustins, pendant trois ans. La Cité se prononça pour la ligue. Pendant que Joyeuse occupa la Cité, Montmorency s'empara de la Ville-Basse ; des dissensions intestines désolèrent les deux villes. Des fortifications furent élevées pour la résistance ; une trêve fut conclue sous l'arc du pont, lequel séparait les deux communautés. La peste, qui avait décimé les habitants dans le courant du siècle dernier, recommença de plus fort ses ravages. Après de longues et cruelles luttes, Montmorency perdit Carcassonne, et Joyeuse s'en rendit maître. Cependant les deux villes se soumirent au roi et une amnistie pleine et entière leur fut accordée.

Les guerres religieuses du commencement du XVIIe siècle qui agitèrent le midi n'eurent

qu'un faible retentissement à Carcassonne ;
mais la sécheresse, la peste et l'incendie vinrent affliger cette ville. Le jour de l'entrée de
Louis XIII à Carcassonne (1622), deux cent
cinquante maisons environ furent brûlées, de
la grande place jusqu'au couvent des Carmes
qui devint la proie des flammes. On profita ensuite des moments de repos qui suivirent pour
construire le Présidial et l'Académie, ainsi que
pour préparer le projet de construction de la
belle fontaine du Neptune, des Halles et de
l'établissement du Canal sous les murs de la
Ville-basse. Quelques années plus tard, ces
projets n'auraient pas été acceptés, parce que
la situation des deux villes changea. En 1779
les priviléges de la Cité furent profondément
modifiés par Louis XVI. Cette communauté
fut obligée de payer un impôt considérable, dont
elle avait été affranchie jusques-là ; d'un autre
côté, la ville basse, dont l'industrie manufac-
turière faisait toute la richesse, éprouva une
longue crise. Dès 1769 commença la déca-

dence de la fabrication des draps; elle se prolongea jusqu'en 1783, époque à laquelle elle était dans un état de plus en plus inquiétant, qui se prolongea jusqu'à la révolution de 1789.

LES MONUMENTS

DE

CARCASSONNE.

CHAPITRE I.

LES PLUS ANCIENS MONUMENTS DE CARCASSONNE ET DE SON TERRITOIRE.

I.

LE PEULVAN — LES SOUTERRAINS — LE GRAND-PUITS ET LES TRÉSORS DU TEMPLE DE SALOMON.

Il est peu probable qu'il nous reste quelques parties des ouvrages de défense élevés par les Volkes à Carcassonne. On remarque bien au rempart du soutènement du Château et à une tour de l'enceinte intérieure, située au midi et désignée sous le nom de Plo, des pans de mur construits avec des pierres d'un très fort appareil. Ces assises de blocs volumineux, posées sans ciment, ont passé tour à tour pour des constructions celtiques ou romaines; la dernière opinion paraît la plus vraisemblable. Mais on trouve à Carcassonne des médailles et des poteries regardées jusqu'à présent comme celtiques. Il en a été découvert récemment au sud-ouest de la Cité, à l'extrémité du plateau de Carsac, désignée sous le nom de Paradis. A une distance de Carcassonne d'environ 5 kilomètres du côté du nord, on rencontre un peulvan en grès calcaire; il a 5 mètres de hauteur, 1,50 de largeur et 0,50 d'épaisseur. Ce monument est placé sur les bords d'une petite rivière appelée la Ceïse. Les habitants de Malves, qui est le village le plus voisin, le désignent sous le nom de *peyro-ficado* ou *peyro-negro*, pierre plantée ou pierre noire. Ils ont toujours eu une sorte de respect pour ce monument, qui est depuis plusieurs siècles le sujet de récits fabuleux et fantastiques.

Des traditions fort anciennes, puisqu'elles ont été recueillies par un chroniqueur anonyme du

XIIIe siècle, rapportent qu'il existe plusieurs souterrains dans la Cité; on dit même qu'ils parvien-
nent à de grandes distances et sur des points
où les creusements ont toujours été impossibles.
De semblables traditions ne se rapporteraient-
elles pas à l'époque celtique, puisque les historiens latins nous apprennent que les Galls et les
Germains étaient très habiles à fouiller le sol et
possédaient dans leurs places fortes un grand nombre d'issues cachées? On peut, en effet, de nos
jours se convaincre qu'il a existé plusieurs voies
souterraines autour de la citadelle; mais à une
très faible distance des remparts, on rencontre des
obstacles qui rendent difficile ou presque impossible l'exploration complète des lieux.

Faudrait-il mettre le Grand-puits au nombre
des monuments celtiques? Mais cet ouvrage n'offre aucun caractère archéologique dont on puisse
conclure quelque chose de positif sur son origine.
D'ailleurs des réparations si considérables y ont
été faites qu'il est impossible aujourd'hui de reconnaître les parties qui datent de sa construction
primitive, si toutefois elles existent; les derniè-

res réparations et notamment la margelle ne datent que de la fin du XVe siècle. Il est cependant
probable que le jour où les Volkes de Carcassonne
songèrent à se fortifier dans cette place, ils cher-
chèrent le moyen d'avoir de l'eau en cas de siège.
Le Grand-puits paraît donc avoir été l'œuvre des
fondateurs de Carcassonne. Il est du reste remarquable par les récits merveilleux dont il est de-
venu l'objet. Les uns racontent qu'au fond de ce
puits se trouvent les portes des souterrains les
plus vastes de la Cité; d'autres, qu'il renferme
plusieurs grottes habitées par des fées; d'autres,
enfin, pensaient que les Wisigoths y avaient ca-
ché et qu'il renfermait les trésors du temple de Salomon. Cette dernière opinion était si accréditée
à Carcassonne, même de nos temps, qu'une société se forma, il y a quarante ans environ[1], pour
dessécher le puits dans l'espoir d'y trouver quelque trésor. Les vieillards qui se rappellent y être
descendus et qui ont été témoins des fouilles opé-
rées, déclarent qu'aucun objet précieux, si ce
n'est quelques pièces de monnaie de peu de valeur, n'y a été trouvé, et qu'aucun souterrain ne
communique de ce puits à un autre lieu.

Quant aux trésors du temple de Salomon[2], l'histoire prouve bien que, portés de Jérusalem à Rome, ils furent enlevés de cette dernière ville par Alarik Ier, et qu'ils ont été déposés à Carcassonne ; mais, en examinant ensuite les documents anciens, on s'assure que Théodorik, roi des Ostrogoths, les prit pour les emporter à Ravenne, capitale de son royaume[3].

II.

LES MONUMENTS ROMAINS.

De toutes les constructions militaires que les Romains élevèrent à Carcassonne, on ne voit dans ce moment que les quelques assises dont nous avons parlé plus haut. Des pierres de forte dimension ont été placées sans ciment et sans que l'on ait eu le soin de les établir suivant le gisement des couches de grès qui les forment. Les

architectes Romains ayant l'habitude d'employer
le travertin, qui n'a pas de lit déterminé, ont dû
bâtir à Carcassonne comme en Italie, sans obser-
ver le mode de formation des matériaux qu'ils ont
placés indifféremment dans le sens horizontal ou
vertical. Si ces blocs n'ont pas été pris, postérieurement à la domination romaine, dans une autre
partie de la Citadelle, la présence des restes
d'une tour antique au midi prouverait que l'enceinte intérieure suivait, dès les premiers temps
historiques, le tracé actuel, sauf peut-être à la
partie du sud-ouest que les Romains avaient ar-
rondie pour prêter passage à la grande voie qui
allait de Toulouse à Narbonne. Mais ce n'est là
qu'une conjecture, car quelle que soit l'opinion
que nous avons entendu exprimer, à ce sujet, nous
inclinons à penser que les pierres de la tour du
Plo viennent d'un autre monument.

Depuis le plateau de Carsac jusqu'au côteau de
Grasaille, et de là jusqu'au pied des flancs abrup-
tes de la Cité, s'étendait une large vallée occupée
en grande partie par la rivière d'Aude[1]. Au milieu

de cet espace, et en face de la grande porte de
l'ouest s'élevait le pont en usage du temps de la
domination romaine.[2] Le rocher escarpé, sur lequel avait été bâtie la Cité de Carcassonne, se
dressait au bord du fleuve dont les eaux proté-
geaient la moitié du pourtour, c'est-à-dire le nord
et l'ouest. Une partie de l'espace qui s'étendait en
aval du pont servait de port aux bois qui venaient
des forêts du pays de Sault (Saltus), au moyen du
flottage, et aux bâteaux qui faisaient, jusqu'à Narbonne, le transport des marchandises arrivées de
Toulouse par la voie de terre. Lorsque Pomponius
Mela dit que l'Aude n'est navigable que depuis
Narbonne jusqu'à son embouchure ; il a voulu parler de la navigation maritime, de celle que faisaient dans les terres les galères sortant de la
mer ; car, si la configuration du sol ne se prête
qu'au flottage depuis le pays de Sault et le bourg
Atax jusqu'à Carcassonne, à partir de cette ville,
non-seulement le cours paisible et la pente uni-
forme de la rivière d'Aude, mais encore le sur-
croît de hauteur d'eau que le Fresquel, l'Orbiel,
l'Argendouble et les autres affluents viennent y ap-

porter, peuvent rendre, au moyen de quelques travaux d'art, la navigation praticable pendant une grande partie de l'année[5].

Plusieurs voies romaines sillonnèrent le territoire de Carcassonne ; la plus large était celle qui, après avoir traversé Bram (Hebromagus) et Coedros, station située à peu de distance de Caux, passait à Herminis et arrivait à Carcassonne où elle se bifurquait. L'une des deux routes était tracée sur la rive gauche de l'Aude et traversait le territoire qui a porté, depuis l'ère féodale, le nom de Minervois. L'autre, qui était sur la rive droite, se dirigeait vers Narbonne. Plusieurs embranchements se rattachaient à ces voies principales[4]. Ainsi, une route secondaire se joignait à la grande voie vers le point où était situé Coedros et traversait Villesèque-basse, Alairac et le bourg Atax, aujourd'hui Limoux. Une autre route secondaire se rattachait, du côté du nord, à la grande voie de Bram à Carcassonne. Elle passait sur les points où sont aujourd'hui Pezens, Huniac, Villegailhenc, Villegly, les environs de Laure, de Peyriac, et de Rieux-Minervois :

mais parvenue au nord de Villegailhenc et au point appelé aujourd'hui la Pomme, elle se divisait, et un embranchement traversait le Trapel au lieu dit le Pont-Neuf, et se dirigeait sur Carcassonne[5]. Une seconde route secondaire se détachait de la grande, près de Montlegun, et traversait les montagnes des Corbières (Corbaria), dans la direction de l'Espagne. Il existait, en outre, des embranchements d'une moindre importance, tels que celui qui traversait les lieux où sont en ce moment Comigne, Fontcouverte et Luc; celui qui du nord de Laure se dirigeait sur Villeneuve et Caunes, ceux de Trèbes, de Badens, de Millegrand, de Malves et de Marseillette.

CHAPITRE II.

LES MONUMENTS DE LA CITÉ.

I.

LA CITÉ PENDANT LA PREMIÈRE MOITIÉ DU MOYEN-AGE.

Avant de donner la description de la Cité de Carcassonne, telle qu'elle est aujourd'hui, il convient, pour se faire une idée juste des monuments militaires qu'elle présente, d'indiquer son état pendant la première moitié du moyen-âge.

Nous allons donner cette description d'après le
plan que nous en avons tracé, soit au moyen des
renseignements extraits des chartes et des anciens livres terriers, soit au moyen des découvertes archéologiques que le hasard et des fouilles
récentes ont amenées sur les divers points du sol
occupé par la Cité et les anciens Faubourgs[1].

Au XIIIe siècle, Carcassonne bâtie en forme
d'amphithéâtre, s'étendait tout entière sur la rive
droite de l'Aude. La moitié du terrain occupé actuellement par la Ville-Basse était une espèce de
marais qui portait le nom d'Aigues-mortes. La
partie supérieure, dans laquelle se trouvaient le
château du Vicomte, la cathédrale, l'église de
St-Sernin, l'église de Sainte-Marie, et d'autres
édifices publics, contenaient les classes les plus
élevées de la population; c'était la Cité[2]. On y pé-
nétrait à travers une double enceinte fortifiée
d'un grand nombre de tours, qui renfermaient
les arsenaux, les magasins des vivres et les ate-
liers où se frappait la monnaie du Vicomte. Parmi
les tours on distinguait la tour *Pinto*, qu'on a
quelquefois désignée sous le nom de tour du Paon;

elle dominait en hauteur tous les autres monuments de la citadelle. Cette tour, de forme carrée, était adossée au rempart du château comtal.
On remarquait aussi les deux énormes tours qui
flanquaient la porte du levant, appelée le Château Narbonnais, lequel était à la place où se
trouvent aujourd'hui les tours de la Porte-de-
l'Est ; il fut démoli pendant la guerre des Albigeois. Il était protégé par une petite Barbacane[5].

Au-delà de cette double enceinte et aux pieds
de la ville, se trouvaient, au midi, la Barbacane,
large et forte tour voisine de l'Aude ; au nord, le
faubourg Saint-Vincent ; au levant, le faubourg
Saint-Michel. Ces faubourgs qui étaient plus vastes que la Cité étaient aussi fortifiés[2].

Le faubourg Saint-Vincent avait toute son enceinte protégée par un fossé et une palissade. Il
s'étendait depuis la porte d'Aude jusqu'à la porte
Tolsane, et de là à la porte Saint-Etienne. Entre le faubourg et la Cité étaient situées l'église et
l'abbaye de Notre-Dame de Saint-Sauveur, le
quartier de Conatior, le carrefour Saint-Jean[5]. Ces
divers points réunis et appelés Trivalles, com-

muniquaient à la Cité par la porte Amanliar. Les
Trivalles comprenaient toutes les maisons bâties entre la seconde et la troisième enceinte ou
ligne de circonvallation. C'est d'une telle situation
qu'est venu le nom de Trivalle, distinguée en
basse et haute. Le faubourg Saint-Vincent renfermait l'église ainsi nommée, et de plus l'église
Saint-Etienne avec son cimetière[4].

Le faubourg Saint-Michel était entouré d'une
forte muraille, où l'on rencontrait, en parcourant
l'enceinte du nord au sud, les portes du Salin
vicomtal, de Férimat, de Pressan, et de Rasez,
qui était précédée d'une petite Barbacane. Ce
faubourg communiquait avec la Cité par la porte
du Château-Narbonnais[5].

A l'ouest de la Cité et au-devant de la porte
Tolsane, était le faubourg de Graveillant, situé sur
les bords de l'Aude, lequel s'étendait de l'extrémité de la ville jusqu'à la grande Barbacane.

En dehors et à peu de distance des fossés exté-
rieurs, étaient les fontaines de Crucel et de Fonte-Stova, le ruisseau de Seillan, la carrière d'où
l'on tirait les pierres nécessaires au service des

ballistes, la fontaine de Charlemagne, le jardin
du Vicomte et celui des chanoines[6].

II.

LA CITÉ DEPUIS LE MOYEN-AGE JUSQU'A NOS JOURS.

La Cité de Carcassonne est aujourd'hui entourée de deux enceintes. L'enceinte intérieure a
une longueur de onze cents mètres, l'enceinte extérieure une longueur de quinze cents mètres,
en y comprenant la grande Barbacane. Elles
sont protégées par une cinquantaine de tours[1],
en général de forme semi-circulaire; celles de
la première enceinte dépassent pour la plupart
la hauteur des courtines; celles de la seconde enceinte sont au niveau des créneaux des remparts.
Quelques-unes ont un souterrain qui servait de
magasin, un four à cuire le pain, une citerne et
tout ce qui est nécessaire pour soutenir un siége

isolé. Il est certain que, au XIIe siècle , quelques
chevaliers y résidaient avec leurs hommes d'ar-
mes, à la condition de faire la garde pendant une
partie de l'année[2]. Ils furent remplacés par les
Mortespayes lorsque Saint Louis réunit la Vicomté
de Carcassonne à la couronne de France. Quoique
dans une circonstance déterminée on put séparer
les tours l'une de l'autre, elles étaient reliées ensemble par un encorbellement que l'on suit encore dans certaines parties. Cet étroit sentier ,
quand il n'était ni démoli sur quelques points, ni
interrompu sur d'autres, permettait de faire le
tour complet de la Cité.

Les tours sont toutes bâties, ainsi que les courtines, en grès calcaire d'un appareil régulier. Les
deux enceintes s'arrêtent au château, qui est lui-
même comme une citadelle dans une autre citadelle. Un fossé sans contre-escarpe avec parement en talus défend l'approche des murailles au
sud, à l'est et au nord-est. Le terrain était trop
abrupte à l'ouest et au nord-ouest pour que le fossé
pût y être pratiqué. Vers les premières époques
historiques cette partie de la Cité était entourée par

la rivière d'Aude, qui flottait au pied de l'éminence
sur laquelle a été bâtie la Cité. Plus tard, lorsque
les eaux s'éloignèrent, le Château et les barbacanes remplacèrent ce moyen naturel de défense.
On entrait dans la forteresse par deux portes principales : l'une à l'ouest dite porte d'Aude, l'autre
à l'est, étant située à l'arrivée de Narbonne par la
voie romaine, prit le nom de Château-Narbonnais[5].
Deux poternes permettaient les sorties au sud et
au nord : celle du nord a été fermée depuis peu
d'années, lorsque l'on a relevé dans la forme bas-
tionnée rectiligne, la moitié d'une tour de l'enceinte extérieure du côté du nord, écroulée depuis une cinquantaine d'années. On remarque
aussi à l'enceinte intérieure une ouverture en arc
et une poterne qui est un sous-œuvre du XIIIe
siècle. Quant aux meurtrières, elles ont été en
général remaniées, car la plupart ne sont propres
aujourd'hui qu'à l'usage des armes à feu. Les
courtines qui étaient crénelées ont été exhaussées
sur quelques points et entièrement refaites sur
d'autres, de telle sorte que la trace des anciens
créneaux n'existe plus[4].

La Cité de Carcassonne était considérée pendant le moyen-âge comme l'une des premières places fortes de la Gaule. L'usage des armes à feu commença à lui faire perdre son importance; mais ce qui a nui le plus à sa conservation, c'est la conquête du Roussillon par Louis XIII. N'étant plus alors considérée comme place frontière, elle fut laissée par le gouvernement dans un état d'abandon à la faveur duquel plusieurs empiétements furent commis sur la voie publique; néanmoins les Etats de Languedoc continuèrent de consacrer quelques fonds à son entretien. On peut encore voir dans les mémoires de Basville, intendant de la Province, quel était le prix que l'on attachait, avant 1789, aux monuments militaires de Carcassonne[5].

C'est en s'inspirant de ces précédents que l'Assemblée législative classa, en 1791, la Cité de Carcassonne au nombre des places fortes du royaume. Grâce à cette mesure aucune espèce d'atteinte ne lui fut portée sous la première république; mais sur les plaintes réitérées de quelques habitants, au sujet des servitudes militaires im-

posées à leurs propriétés, un décret impérial du
26 brumaire an XIII, raya la Cité du tableau des
villes de guerre. Le Génie ne se réserva que les
Casernes du Château, et le *Corps-de-garde de la
porte de la Ville, dite Narbonnaise*[6]. Le domaine
de l'Etat s'empressa de vendre les fossés et les
glacis ; quant aux remparts, ils furent livrés à la
commune pour la perception de l'octroi. C'est à
la faveur de ce régime que la belle Barbacane du
château fut démolie en 1816. La tour du Trésaut
était menacée du même sort, lorsqu'un homme,
qui honore notre département, comme littérateur
et comme poète, le baron Alexandre Guiraud,
secondé par M. Guiraud de St-Marsal, son frère,
alors directeur des fortifications de Perpignan, et
par M. St-Hilaire-Angellier, préfet de l'Aude,
parvint à faire rentrer la Cité de Carcassonne
dans le cadre des places de guerre ; elle figura en
effet dans l'état dressé par ordonnance royale du
1er août 1821[7].

Sept ans après, l'administration militaire rache-
tait à cher denier les terrains vendus à vil prix
par le domaine, sous l'empire. Dès 1836, nous

essayâmes de plaider, auprès du Ministre de la
guerre, la cause de la Cité, au point de vue de la
science historique, et nous fûmes assez heureux
pour obtenir que les allocations annuelles de fonds
qui lui étaient faites fussent augmentées. Les restaurations ne furent pas toujours pratiquées avec
assez de discernement; mais l'administration militaire était résolument entrée, en 1843, dans
une voie nouvelle[8], et désormais la Cité de Carcassonne semblait devoir être considérée plutôt
comme un appendice de musée national d'artillerie, que comme une place forte.

Nous ignorons comment a pu intervenir le décret de déclassement du 8 juillet 1850[9], qui est
la reproduction de celui de l'an XIII, et dont les
conséquences ne seront pas moins désastreuses
pour les remparts de Carcassonne; sauf à voir une
seconde fois les fossés et glacis revendus par le
domaine, et rachetés par le génie militaire. Car les
traditions ne peuvent être perdues au Ministère
de la guerre, et si le gouvernement entretient et
augmente une collection d'armes anciennes, il est
impossible qu'il ne cherche pas tôt ou tard à con-

server, comme annexe indispensable, une Citadelle où l'on peut étudier les moyens d'attaque et
de défense des places dans l'antiquité et le moyen-
âge, c'est-à-dire faire un cours complet d'architecture militaire, depuis les premiers temps historiques de la Gaule, jusqu'au XVIIᵉ siècle. Nous
avons la conviction que, après le décret du 8
juillet, la Cité de Carcassonne trouvera des pro-
tecteurs empressés dans la Commission supérieure
des monuments historiques, qui siége auprès du
Ministre de l'intérieur, dans le Conseil général de
l'Aude, dans la Municipalité et la Société des arts
et des sciences de Carcessonne, et dans tous les
habitants de cette ville; mais nous aimerions
à voir l'Administration de la guerre continuer,
comme par le passé, à présider elle-même à la
conservation d'un monument militaire, qui n'a
son égal ni en France, ni en Europe.

III.

L'enceinte militaire extérieure — Les tours des Wisigoths.

A part les matériaux romains que nous avons signalés, l'enceinte intérieure offre les monuments les plus anciens de la Cité. Plusieurs tours en forme de cone tronqué, situées au nord-est, sont composées de pierres cubiques à petit appareil, séparées l'une de l'autre par une grande quantité de mortier, avec des assises de briques posées horizontalement, ou en épis, et des baies à plein cintre; elles sont à peu de distance l'une de l'autre, de 15 à 20^m, c'est-à-dire à la simple portée des arcs à la main. Toutes sont fermées à la gorge. Elles ont subi divers changements, et on y a fait diverses additions qu'il est facile de reconnaître : leur genre de construction indique une œuvre des Wisigoths vers le premier temps de leur invasion dans la Gaule, et notamment du règne de Théodorik Ier

et de celui d'Alarik II (de l'année 440 à l'année 481 de J.-C.)[1]. On retrouve quelques fragments semblables en parcourant l'enceinte intérieure, à quelques tours situées vers l'est et le sud-est, et à une tour voisine de la porte d'Aude ; ce qui indique que la configuration actuelle de la Cité a été tracée d'après les anciennes constructions. Nous reviendrons sur les tours plus modernes de l'enceinte intérieure en parlant de la Porte-de-l'Est et de la tour de l'Evêché.

Nous ne quitterons pas l'enceinte intérieure sans faire remarquer la tour voisine du Château-Narbonnais, du côté du sud, qui porte le nom de *Sacraire de St-Sernin*. Elle formait l'abside d'une église démolie en 1793. On y voit encore une fenêtre en ogive que Charles VII permit de pratiquer en 1441, les ouvertures qui existaient alors étant trop étroites pour éclairer convenablement le maître-autel.

Une pieuse tradition rapporte que lorsque, à la fin du IIIe siècle, le saint évêque Sernin ou Saturnin, accompagné de Papoul et d'Honestus ses disciples, vint prêcher la foi chrétienne à Carcassonne, il fut emprisonné dans une tour construite sur l'emplacement même de celle que nous venons de signaler[2].

Les tours et les courtines voisines de la tour du sacraire de St-Sernin, du coté du sud, portaient au moyen-âge le nom de *Hauts-murs* (Muri alti)[3], soit parce qu'ils étaient situés sur l'un des points les plus élevés de la Cité, soit parce que les remparts y avaient une plus grande hauteur que dans les autres parties de la forteresse. L'espace libre entre les deux enceintes, qui était beaucoup plus grand avant que des empiétements n'eussent été pratiqués sur la voie publique, portait déjà au moyen-âge et porte encore le nom de Lices[4], distinguées en hautes et en basses. Les hautes s'étendaient au sud et au sud-est; les basses au nord-est. Le reste de l'espace qui existe entre les deux enceintes, prend, au nord, le nom de Savoyo, au nord-est celui de Batterie, à l'ouest celui de Canissous[5].

IV.

Le Chateau comtal — La Tour des Arabes.

Toutes les tours de la Cité antérieures aux grands travaux qu'y exécutèrent St-Louis et Philippe-le-Hardi, ont en dehors la forme circulaire, à l'exception d'une seule placée comme tour d'observation dans le château. Ses matériaux, son genre de construction, qui n'est ni Romain ni Wisigoth, sa position par rapport aux massifs de murs qui l'avoisinent, et par-dessus tout sa forme et sa situation indiquent un œuvre des Arabes, pendant leur domination à Carcassonne, de 712 à 757[1]. Cette tour, comme quelques-unes des tours wisigothes, a été dans les premiers temps du moyen-âge reconstruite dans la partie la plus élevée, où l'on a pratiqué une baie dans le genre des constructions romaines; on remarque une porte et un sous-œuvre récents, dans la partie basse.

L'intérieur du château a subi de fréquents remaniements; plusieurs incendies ont contribué à changer les dispositions du dedans, mais le dehors a conservé sa forme primitive. Il est rectangulaire, flanqué de six belles tours et d'un large fossé du côté de la Cité. Vers l'ouest, il était défendu par sa position naturelle et une barbacane. Il fut fondé au XIe siècle par le comte Roger 1er pour être le siége de son gouvernement. C'est à cette époque que l'on doit rapporter la partie basse des tours et les voûtes en cul-de-four, telle que celle dite du Major, dont les baies sont couvertes avec des pierres qui présentent des ornements dans le style romain de la décadence et qui faisaient partie d'un autre édifice. Le château a dû être terminé pendant le siècle suivant, s'il faut en juger par les chapitaux de marbre blanc des fenêtres jumelles et à plein cintre que l'on voit dans la grande cour; quelques parties des courtines et des créneaux sont une œuvre du XIIIe siècle. Le château a été successivement habité par les com-

tes, les vicomtes, les sénéchaux et les autres
gouverneurs civils et militaires de Carcassonne.
Vers le milieu du moyen-âge , il renfermait, outre les logements indispensables à la cour des comtes, la chapelle comtale de Ste-Marie, la Grande-
chambre et la Chambre dite *Ronde*, quoiqu'elle fût
carrée, où se concluaient les actes les plus importants, et où les *proceres*, c'est-à-dire les personnages de la cour du comte se réunissaient pendant
l'hiver ; enfin, la cour d'honneur au milieu de laquelle était l'*orme féodal*[2], c'était le lieu de réunion pendant l'été. Sous la domination des comtes, les assemblées tenues dans le Château de
Carcassonne étaient exclusivement politiques et
n'avaient pour objet que l'administration ou les in-
térêts du comté; mais, sous les vicomtes , une
Cour d'amour y fut instituée par Adélaïde, femme
de Roger Trencavel et nièce du Roi de France.
Dès-lors la Grand'chambre et la Cour d'honneur
retentirent des chants des nombreux troubadours
que la noble et puissante châtelaine avait attirés
auprès d'elle[3].

V.

LA PORTE-DE-L'EST — LES TOURS DE SAINT-LOUIS — LES TOURS DE PHILIPPE-LE-HARDI.

Les deux grandes et belles tours de la Porte-de-l'Est sont semi-circulaires, à bec ou angle saillant et en pierres de grand appareil à bossage ; elles donnent accès dans la Cité : mais au-dessus de l'ouverture, munie autrefois de quatre herses et d'un machicoulis, ces deux tours communiquent entre elles, et forment à l'intérieur de la citadelle un vaste édifice orné de cinq fenêtres en ogive à meneaux d'une véritable beauté. C'est un édifice militaire rare dans son genre, en ce qu'il offrait des salles vastes et où la lumière arrivait en abondance. Ainsi, tandis que du côté du pont-levis, aujourd'hui démoli, on ne voit que quelques baies d'une faible dimension, et que l'on se trouve en face d'une sombre et haute muraille dont

le seul ornement est une niche en ogive, où est
placée une statue de la Vierge dans le style gothique[1]; du côté opposé, on a employé toutes les
combinaisons de l'art pour rendre la demeure
commode et élégante. Dans le haut était le logement des gouverneurs militaires, éclairé par des
panneaux de verres aux mille couleurs; au premier
étage on trouvait les salles des gardes ; les pièces
situées au niveau du sol et les souterrains étaient
consacrés à serrer les provisions nécessaires pour
la garnison de la Cité. Toutes les fenêtres sont
ornées d'élégants bancs de pierre qui servaient
aux habitants de la forteresse pendant l'été. On
remarque cette disposition dans la plupart des
constructions élevées à la Cité pendant le cours
du XIIIe siècle. Cette porte est un château in-
dépendant des tours voisines; elle a remplacé
l'ancien Château-Narbonnais, démoli par l'armée
de la croisade en 1209[2]. Elle a été fondée sous le
règne de St. Louis[3], ainsi que la tour voisine du
côté du nord qui est désignée sous le nom de *Trésaut* dont on a fait *Trésor*. La tour de Trésaut avait
autrefois une plus grande élévation : elle servait

de tour d'observation pour le côté de l'est de la ville.

Les autres parties de l'enceinte intérieure et notamment les hautes murailles de l'ouest, et la belle tour avec échauguettes qui relie les deux enceintes , ont été élevées sous Philippe-le-Hardi, qui continua l'œuvre de son père[4]. Toutes les fois qu'on n'a pu construire sur d'anciennes fondations, on a observé une distance double de celles des tours wisigothes , ce que l'usage de l'arbalette permettait alors de pratiquer sans danger. Les tours sont en général semi-circulaires et à angle saillant, c'est-à-dire construites à l'imitation de la Porte-de-l'Est : les pierres sont d'un appareil plus petit, mais toujours en bossage.

VI.

L'ENCEINTE EXTÉRIEURE — LA TOUR DES MORTES-PAIES — LE BUSTE DE DAME CARCASS.

L'enceinte extérieure est formée de tours qui ne dépassent pas les courtines en hauteur ; elles sont semi-circulaires, ouvertes à la gorge pour la plupart et d'une dimension plus grande que celles de l'enceinte intérieure. Cette enceinte est postérieure au XIIIe siècle, à l'exception de quelques tours, telles que celle de la Vade et de l'Évêché.

La tour de la Vade et non de Lavade, ainsi qu'on l'écrit en général, tire son nom du mot *Vadia*, parce qu'elle était le siége principal des Mortes-Paies, institués par S. Louis pour la garde perpétuelle de la Cité et du Château de Carcassonne[1].

Si l'on suit la fortification en allant de l'ouest à
l'est, on remarque une espèce de redan à la courtine qui précède la tour de la Vade. On voit que, à
ce point, il a fallu raccorder les constructions nouvelles avec les anciennes, et que la tour de la
Vade, qui est entièrement ronde, est antérieure
aux autres tours qui décrivent l'enceinte. C'est
au haut de ce monument qu'était placé le *papegay*,
oiseau de bois que les amateurs de l'arbalette
se sont disputé l'honneur d'abattre jusqu'en
1789.

Quant à la tour de l'Évêché qui touche aux deux
enceintes, elle prend son nom du palais épiscopal, situé à l'est, et dont le jardin était contigu.
Elle était en cours de construction à la fin du XIII
siècle, sous la direction du connétable de Beau-
jeu[2].

Pendant le XIVe, le XVe et même le XVIe siècle, on s'est livré à de nombreuses réparations
sur divers points de l'enceinte extérieure. On
distingue aisément les remaniements faits aux
meurtrières, et les embrasures pratiquées pour
l'usage des pièces d'artillerie. Mais la partie la plus

importante des constructions modernes est celle que
l'on trouve à gauche du pont-levis de la Porte-
de-l'Est, et qui s'étend de la demi-lune placée à
l'entrée jusqu'à la courtine, derrière laquelle
étaient autrefois les Engins du Roi dans les Lices-
Basses[3].

Après avoir franchi le point où était l'ancien pont-
levis du Château-Narbonnais, on voit à gauche un
buste informe, en pierre grise, qui représente une
femme appelée par la tradition dame *Carcas*, et
au-dessous duquel on lit : SVM CARCAS. C'est
l'œuvre d'un tailleur de pierre du XVI siècle, qui
a voulu reproduire les traits de l'héroïne ro-
manesque qui, pendant le siége fabuleux de
Carcassonne où Charlemagne joue un grand rôle,
défendit la ville par ses ruses et sa bonne conte-
nance. Voici en quels termes l'un des plus anciens
historiens de Carcassonne raconte cette légende :

« Vne Dame Sarrasine qu'on appelle Dame
» Carcas, non pas que ce fut vraysemblable-
» ment son nom, mais pource qu'elle fut reputée
» comme la Dame et la Reyne de Carcassonne,
» et peut-estre estoit-ce la femme de Balaach,

» voyant ce Prince mort, s'introduit d'elle mesme
» à la deffense de la place, deuant laquelle S.
» Charlemagne demeura cinq ans, et à raison
» duquel siege la famine s'y mit, et dit-on qu'elle
» y perdit tous ses Soldats, et se trouua seule la
» deffenceresse de la Ville. Mais comme elle es-
» toit doüée d'vn esprit aussi grand que le cœur,
» elle s'aduisa de ce stratageme de faire paroistre
» aux tours de la Ville des hommes de paille,
» chacun auec son arbaleste, et continuellement
» faisant le tour des murailles elle ne cessait de
» décocher des traits sur les ennemis. Et dit-on de
» plus qu'ayant ramassé tous les bonnets des
» morts, elle se monstroit icy auec vn rouge, là
» avec un blanc, ailleurs auec vn gris, ou vn
» blù, et par les changemens de bonnets de diffe-
» rentes couleurs elle abusoit le camp, et persua-
» doit sans peine aux Chrestiens que la place
» auoit encor bien de Soldats pour la garder.
» Quoy plus?

» Se voyant apres tout cela réduite à l'extre-
» mité par le défaut de viures, elle fit manger à
» vn pourceau toute vne eymine de bled qui luy

» restoit , et à l'instant le précipita en bas des
» murs, en sorte qu'il se creua, et fit croire par
» là aux François qu'il falloit bien que la Ville
» fut abondament pourueuë de bleds , puis qu'on
» en donnoit à manger iusques aux pourceaux.

   » Dans vn vieux Poëte, il est parlé de cette
» Dame Carcas en ces termes.

   » *Pour abreger , quand ie voulus sortir*
» *Dame Carcas me voulut auertir ,*
» *En me disant, amy , ie te suplie*
» *Par tes écrits ne m'obmets, ne oublie*
» *Comme par moy toute seule personne*
» *Fut deffenduë la Cité de Carcassonne ,*
» *Dont à present par tres-bonne raison*
» *Ont pris de moy leur titre et leur blason ;*
» *Car moindre los n'est garder de destruire*
» *Vne forte Cité , que la faire construire.*

   » On nous veut faire accroire sur ce propos que
» Charlemagne leua enfin le siege , mais Carcas
» voyant dessus le haut des murailles de la Ville
» défiler les troupes, elle sortit en mesme temps,
» et suiuit le camp, appellant Charlemagne , de
» sorte que celuy le premier qui en aduertit l'Em-

» pereur, luy dit, Sire, *Carcas te sonne*, et de
» là, dit-on, est venu le nom de Carcassonne.
» Alors elle sousmit sa Ville et sa personne mes-
» me à Charlemagne, et promit de se faire Chres-
» tienne, et ensuite le Roy entra dans Carcas-
» sonne, lequel admirant le courage de l'Ama-
» zone, voulut qu'elle demeurat tousiours la
» maistresse de la Ville, et incontinent apres son
» baptesme, il luy donna pour espoux vn Gentil-
» homme d'illustre race qui suiuoit l'armée ap-
» pelé Roger; d'où l'on veut dire que sont des-
» cendus ces Rogers Comtes de Carcassonne de
» qui nous auons à parler dans la suite.

   » Le récit fabuleux qu'on fait de cette guer-
» rière, adiouste, que les Sarrasins indignez, non
» pas de ce qu'elle auoit rendu la place sçachant
» assez qu'elle auoit combatu iusques à l'extré-
» mité, mais bien plutost de ce qu'elle s'estoit
» faite Chrestienne, et auoit espousé vn de leurs
» ennemis; ils vindrent assieger Carcassonne
» deux ans après qu'elle eut esté renduë à Char-
» lemagne, et menassoint Carcas d'vne mort in-
» fame, si elle tomboit entre leurs mains. Mais

» à peine les Payens auoient posé leur camp, que
» cette genereuse femme resolut de vaincre cette
» fortune qui menassoit de la faire seruir de hon-
» teuse victime à la colère de ses ennemis, et en
» ce dessein elle se fit armer, et pource qu'elle
» estoit enceinte, et que ses mamelles es-
» toient desià extremement remplies, elle fit faire
» exprez ces deux petits boucliers que nous vo-
» yons encore en cette Ville, pour couurir ses te-
» tins; et pour d'autant mieux faciliter son entre-
» prise, elle se voulut seruir der armes de celles
» de son sexe, c'est-à-dire d'vne quenouille, qu'elle
» mit à son costé, apres auoir imbu le chanure
» dont elle estait reuestuë, de l'eau de vie, du soul-
» phre, du canfre, et autres matières combusti-
» bles, et dans vne espece de fuseau qu'elle te-
» nait en sa main elle portoit cachée vne meche
» allumée, et en cet équipage sortit de nuict de la
» Ville. Elle executa si genereusement tout ce
» qu'elle auait desseigné, que l'armée des Sarra-
» sins vit presque tout à la fois et le feu et les
» cendres de leurs machines, et à ce signal les
» Chrestiens estans sortis de la place, car c'estoit

» l'ordre qu'elle leur en auoit donné, la confusion
» et le désordre fut si grand parmy les ennemis,
» que tout se mit en desroute[4]. »

VII.

LA BARBACANE DU CHATEAU — LA PRISON DE
L'INQUISITION — LA TOUR DU MOULIN-DU-
ROI.

Dès que la rivière d'Aude se fut éloignée du
rocher sur lequel repose le château comtal, il fallut songer à protéger ce point, soit pour prévenir
toute escalade, soit pour arriver en sûreté jusqu'à
la rivière. On éleva dans ce but, pendant la première moitié du moyen-âge, la galerie couverte
et la tour à laquelle elle aboutissait par une ligne
brisée[1]. Mais ces ouvrages avancés furent démolis
en 1209, pendant le siége de Carcassonne par
l'armée de la croisade. La prise de la Barbacane du

château fut alors décisive sur le sort des habitants
de cette ville; le siége ayant lieu au mois d'août,
et l'eau de toutes les citernes de la Cité étant épui-
sée, dès que Simon de Montfort se fut rendu maître de la tour voisine de l'Aude, le Vicomte de
Carcassonne perdit tout espoir, et fut obligé de se
rendre à merci.

Quand la ville de Carcassonne eut été réunie à
la couronne de France, on rétablit la galerie couverte et la tour de sortie qui prit alors le nom de
Boulevard. On peut voir encore une partie de
la galerie couverte, mais la tour a été démolie en
1816 pour en employer les matériaux à la construction de la filature de l'Ile. Cet acte de vanda-
lisme est inexplicable dans un pays où la pierre
est si abondante et à un prix si modique. Une petite place plantée d'arbres occupe aujourd'hui l'espace sur lequel s'élevait le magnifique boulevard
bâti pendant le XIIIe siècle.

Du bas de cette tour partaient deux souterrains,
l'un se dirigeait vers le sud, l'autre vers l'ouest;
le premier allait joindre l'inquisition et la prison désignée sous le nom de La Mure[2] qui en dé-

pendait. Le premier couvent des inquisiteurs fut fondé dans le faubourg de la Barbacane où une rue porte encore le nom Des Jacobins. En 1255 une inondation ayant démoli leur couvent, ils tinrent leurs séances dans l'évêché et la tour voisine, du côté du nord, qu'on appelle encore tour de l'Inquisition; ils allèrent ensuite s'établir dans la Ville-Basse[3]. Le souterrain qui se dirigeait vers l'ouest communiquait à la tour du moulin qui appartenait au Roi, et dont la base existe encore. C'est auprès et un peu au-dessus du lieu où est aujourd'hui situé le Moulin-du-Roi que l'on passait l'Aude, du temps de la domination romaine. Au moyen-âge il existait, à ce point, un pont de bois dont l'approche était défendue par un petit château-fort dont la garde avait été confiée à quelques chevaliers; ceux qui l'occupaient peu après la croisade de 1209, furent convaincus de rebellion contre le roi de France, et virent leurs biens confisqués à son profit[4]. Une tour remplaça le châtelet et le pont cessa d'être en usage lorsque celui qui est à l'extrémité du faubourg des Trivalles fut bâti. Le chemin ouvert à la suite du pont de bois, du côté de la Ville-Basse, et qui n'était autre que l'ancienne voie romaine, existait encore en 1648, lorsque le Moulin du Roi, abandonné depuis près de deux siècles, fut rétabli[5].

VIII.

L'ÉGLISE ST-NAZAIRE ET ST-CELSE.

L'église St-Nazaire et St-Celse est située dans la partie méridionale de la Cité; elle était la cathédrale du diocèse de Carcassonne avant le rétablissement du culte en France. L'édifice que nous allons décrire a été construit sur la place où était la première église bâtie dans la Cité, et qui fut démolie pendant le XIIe siècle[1]. Ce monument a aujourd'hui la forme d'une croix latine, dont le sommet est tourné du côté de l'est; sa longueur, depuis l'abside jusqu'à l'extrémité des nefs, est de 59 mètres; la largeur des trois nefs réunies est de 16 mètres, celle des transsepts de 36 mètres. Deux

tours octogones, remarquables de légèreté et de
grâce, flanquent l'abside, surmontée d'une balus-
trade, et ornée de modillons historiés, dispositions fort rares dans les monuments de cette époque. Deux portes principales placées au nord,
l'une aboutissant aux nefs, l'autre aux transsepts;
une petite porte à plein cintre au fond de l'église
où s'élève un clocher de construction moderne :
tel est l'ensemble de l'extérieur[2].

On entre par la porte principale, qui est à plein
cintre, avec des colonettes et des chapiteaux historiés dans le style roman du XIIe siècle, sauf
deux colonnettes et les chapiteaux de marbre qui les
décorent, et qui viennent d'un autre monument.
En entrant dans l'église on est frappé par la diffé-
rence que présentent deux genres bien tranchés
d'architecture. La grande nef et les deux nefs latérales sont soutenues par des piliers ronds ou
carrés avec colonnes engagées, surmontées de
modillons, de damiers, de palmettes, d'oiseaux, etc.
La nef et les bas-côtés étaient terminés par trois
absides semi-circulaires avant la construction du
chœur actuel. L'édifice avait autrefois la forme

d'une basilique : il fut consacré par le pape Urbain II, lors de son passage à Carcassonne, au mois de juin 1096[3]. Après les premières croisades l'imagination des peuples ayant été exaltée par le spectacle de l'Orient, les églises romanes parurent tristes et sombres. St. Louis, sensible aux vœux du chapitre et de la population, concéda gratuitement un espace de terrain pour agrandir l'église. On fonda alors les transsepts et le chœur, qui ne furent terminés que sous l'épiscopat de Pierre de Rochefort (1301-1321)[4].

On admire l'abside légère et ornée de vitraux peints, avec des transsepts divisés chacun en trois parties. A l'extrémité du transsept nord se trouve une porte en ogive richement décorée à l'extérieur désignée sous le nom de Porte des Morts[5], et au-dessus de laquelle brille une rose qui a son pendant vis-à-vis. En entrant dans l'abside on a à droite et à gauche deux sacraires construits en magifique pierre et ornée de sculptures. L'abside est tellement légère qu'elle semble percée à jour; on a cependant placé auprès des piliers qui séparent les lancettes les statues du Christ, de la Vierge , des douze apôtres, du patron de l'église et du fondateur du sanctuaire; ce sont là autant de chefs-d'œuvre de la sculpture du XIVe siècle. Tout le chevet est aussi construit en pierre de taille, et enrichi de plusieurs morceaux de sculpture remarquables.

Après ce coup-d'œil général, nous allons parcourir les chapelles en particulier. Pour procéder avec ordre, nous commencerons par la première chapelle qui se trouve à gauche en entrant par la grande porte à plein cintre, et nous suivrons le pourtour intérieur du monument.

Chapelle St-André , aujourd'hui ST-ANTOINE.

Cette chapelle, dont l'architecture rappelle le commencement du XVIe siècle, tire son nom de son fondateur : André Calvières , riche prébendé de la cathédrale, légua les sommes nécessaires pour sa construction et son entretien[6]. L'autel était en très mauvais état en 1754, époque de la visite pastorale, faite par l'évêque de Besons; cependant elle avait alors sa forme primitive. Aujourd'hui elle est divisée en deux parties. En fai-

sant disparaître les mortiers et les plâtras dont on
a recouvert les deux colonnes torses de l'entrée,
on dégagerait une gracieuse chapelle bâtie, il est
vrai, postérieurement à la porte ogivale de l'église,
et un peu trop près des la porte romane, mais
avec un certain goût et de manière à ne pas
masquer les vitraux de la chapelle St-Jean.

Chapelle St-Pierre, St-Pierre et St-Paul, aujourd'hui St-Jean.

Après avoir fait quelques pas, on entre à gauche
dans une chapelle, bâtie en 1321, où se trouve le
tombeau de Pierre de Rochefort, évêque de Carcassonne, le constructeur du chevet. Cette chapelle a été placée sous l'invocation de St. Pierre
et St. Paul. On y voit la statue de Rochefort, debout, accompagné de deux diacres. Les statuettes qui composent le sarcophage placé au-dessous sont remarquables par leur exécution et la
variété des vêtements sacerdotaux qu'elles présentent.

Quand le chevet gothique eut été construit, les
trois nefs qui formaient l'ancienne basilique con-

trastèrent vivement avec le haut de l'église, dont l'abside nuancée de mille couleurs était seüle admirée des fidèles. C'est aux applaudissements de la foule que le mur du bas-côté du nord fut attaqué. A mesure que la brèche s'agrandissait, la vieille basilique était moins sombre et perdait de son caractère; les murs de la chapelle furent percés de deux fenêtres aussi légères que l'abside. Leurs tympans sont ornés de trèfles et de quatre-feuilles sur trois rangs : au-dessous de ces ornements qui forment une sorte d'imposte, on voit trois compartiments tribolés garnis de vitraux. Cette chapelle fut construite aux frais de l'évêque Rochefort[7].

Il est fâcheux que plusieurs couches de lait de chaux cachent une partie des reliefs qui décorent le tombeau. On peut remarquer que la chappe dont l'évêque est revêtu reproduit exactement le roc d'échiquier placé à la clé de voûte de l'abside, et qui est la partie la plus significative des armes de Rochefort. Le sol de la chapelle présente encore, mais à demi effacée, la pierre qui couvre la tombe de ce prélat. Le nom de Rochefort,

y était lisible du temps de Gérard de Vic (1667),
auteur de la Chronique des évêques de Carcassonne.

Par suite de réparations mal entendues, une
partie de la chapelle de Pierre de Rochefort fut
sacrifiée. On peut admirer encore aujourd'hui les
belles fenêtres qui la décoraient, mais il ne reste
presque rien des sculptures de l'autél. En 1765,
l'évêque de Carcassonne y fit placer le retable de la
chapelle de Ste-Anne ; bientôt le Chapitre accepta
l'offre du chanoine de Nègre, qui fit don d'une
grille en fer dont on voit les traces sur les piliers. En 1770 et 1771, de nouvelles donations
permirent d'achever cette prétendue restauration[6].
Il est probable que les deux petits baldaquins qui
surmontent les deux statues que l'on voit encore
dans cette chapelle, faisaient partie, comme les
statues elles-mêmes, de la décoration primitive :
celle de St-Paul est d'une exécution remarquable.

Un procès-verbal de visite de l'évêque de Besons nous apprend que cette chapelle était inter-
dite en 1754 ; cette mesure fut prise à la suite

d'un horrible crime commis en ce lieu : le sonneur de la cathédrale fut égorgé sur les marches
mêmes de l'autel[9].

Nous avons fait rétablir, le 21 octobre 1844,
sur le pilier de la chapelle et à la place où elle
était autrefois, une dalle de marbre blanc desti-
née à perpétuer le souvenir d'une fondation
pieuse, faite par l'évêque Martin-de-St-An-
dré. Cette dalle était employée comme pavé dans
la grande nef[10].

*Chapelle St-Vincent, de tous les Saints, aujour-
d'hui* STE-ANNE.

Cette chapelle est la première du transsept-
nord, du côté gauche. Catel, dans ses Mémoires
sur l'histoire de Languedoc, nous apprend qu'il
existait une [verrière, au-dessus de l'autel, où
était inscrit le nom de *Petrus de Auxilione*. Il
paraît que Pierre d'Auxillon, évêque de Carcassonne, de 1497 à 1512, avait fait restaurer à ses
frais la chapelle dédiée aujourd'hui à Ste-Anne.
C'est à cause de l'existence de l'ancien faubourg
de St-Vincent que l'autel fut primitivement dédié

à la mémoire du martyr de ce nom. L'autel de St-Vincent fut placé au nord et celui de St-Michel au midi; de même que les églises de St-Vincent et de St-Michel, dont le chapitre de St-Nazaire était le curé perpétuel, avaient été bâties, la première au nord, la seconde au midi de la Cité.

Dans le mur latéral de la chapelle est incrustée une pierre sur laquelle on lit : HIC JACET DO-MINUS SANCIUS MORLANE DUDUM ARCHIDIACONUS BEATÆ MARIÆ BURGI NOVI POSTMODUM ELEEMOSINARIUS CAR-CASSONNE FACTUS (DEVOTIONE?) QUI OBIIT X KALENDAS SEPTEMBRIS ANNO DOMINI M.III.XI. CUJUS ANIMA RE-QUIESCAT IN PACE. AMEN[14].

Chapelle St-Germain, Ste-Anne, du St-Sa-crement, l'autel de la paroisse en 1754, aujour-d'hui chapelle ST-SERNIN.

La confrérie de Ste-Anne fut instituée le 26 mai 1397, par Elie, abbé de Montolieu, sous l'é-piscopat de Simon de Cramaud, et s'établit dans cette chapelle. L'évêque de Rochebonne fit de grands embellissements à l'autel de Ste-Anne (1725). C'est le sculpteur Parent qui en fut char-

gé. Cet habile artiste, originaire du diocèse de
Carcassonne, connu par les travaux qu'il exécuta
à Madrid et à l'Escurial, est l'auteur de presque
tous les meilleurs ouvrages de sculpture sur
bois, que l'on voyait à Carcassonne, dans le goût
du temps, avant la révolution de 1789. L'évêque
de Besons érigea en paroisse l'autel dédié alors
à Ste-Anne, et le chapitre plaça sous l'invocation
de la Sainte, la chapelle actuellement dédiée à St-
Roch, dont nous parlerons plus bas, pour en
faire la paroisse.

En 1621, l'évêque Christophe de l'Estang fut
enterré dans cette chapelle. « Au milieu de deux
» piliers qui supportent la voûte, dit l'auteur d'un
» nécrologe manuscrit, déposé dans les archives
» du chapitre, s'élève un tombeau en marbre de
» diverses couleurs, qu'on a orné de plusieurs
» inscriptions, contenant l'éloge funèbre de Chris-
» tophe de l'Estang, et au centre duquel il est re-
» présenté à genoux devant un prie-Dieu, re-
» vêtu de ses habits pontificaux. » Cette statue
existait encore en 1793. On peut voir aujour-
d'hui l'une des dalles mortuaires de ce monument,

sur laquelle sont gravées une inscription et les armes de la famille de l'Estang. Comme l'écu est déjà en partie effacé, et que le même sort attend l'inscription, nous allons la reproduire :

SEPULCHRUM PRÆSULUM

CHRISTOPHORI DE L'ESTANG

ET VITALIS DE L'ESTANG,

EJUS COADJUTORIS

ET POST SUCCESSORIS,

EXPECTANTIUM

BEATAM SPEM

ET ADVENTUM

GLORIÆ MAGNI DEI.

L'évêque Vitalis de l'Estang, son neveu, qui fut d'abord son coadjuteur et ensuite son successeur, a été enterré dans cette chapelle[12]. Les deux écus en marbre blanc de la famille de l'Estang qui figuraient sur le tombeau ont survécu à sa démolition ; l'un a été placé, sans aucun motif raisonnable, sur la porte de l'église St-Gimer, dans le faubourg de la Barbacane ; l'autre, que nous avons découvert dans les fouilles pratiquées à l'église St-

Nazaire, a été placé, sur notre indication, à l'un des piliers de la chapelle St-Sernin.

Chapelle NOTRE-DAME.

Nous croyons que dans l'église primitive ainsi que dans la basilique romane qui n'avait que trois nefs sans transsepts, le maître-autel était flanqué de deux chapelles dont les noms étaient les mêmes qu'aujourd'hui ; l'une, au nord, dédiée à Notre-Dame ; l'autre, au midi, dédiée à Sainte-Croix, comme l'indique le registre de l'Ave-Maria, déposé à l'évêché de Carcassonne.

L'auteur de la Chronique des évêques dit que, en 1177, l'évêque Othon consacra l'autel de la chapelle Notre-Dame. Il est question évidemment de l'une des chapelles de l'église qui se construisait encore à cette époque ; car l'église qui fut consacrée en 1096 n'était pas terminée, elle ne le fut que dans le courant du siècle suivant. La chapelle de Notre-Dame était moins avancée vers l'est qu'elle se l'est aujourd'hui, puisque l'ancienne basilique ne terminait dans le transsept actuel ; mais du moins elle était dans une position analogue.

En 1703, l'évêque de Grignan fit opérer un grand nombre de changements dans l'église de St-Nazaire; c'est sans doute à cette époque que la pierre tombale de Pierre d'Auxillon, que nous savons avoir été enterré devant le maître-autel de la cathédrale, fut placée dans la chapelle de Notre-Dame. On y lit l'inscription suivante : HIC JACET REVERENDUS PATER DOMINUS PETRUS AUXILIONE, QUI OBIIT IN DOMINO ANNO AB INCARNATIONE MDXII XXIV SEPTEMBRIS. EJUS ANIMA REQUIESCAT IN PACE. AMEN. FACTUS PRÆSENS LAPIS A. M. V. XXXIV. Cette inscription s'efface de jour en jour plus rapidement[13].

Le MAÎTRE-AUTEL.

Le maître-autel était placé autrefois à une très petite distance du mur de l'abside. L'évêque de Grignan le fit avancer vers la grande nef, et le remplaça par un autel de marbre, dont l'exécution fut confiée à un sculpteur appelé Mazelli (1710)[14]. Les deux premières travées de la grande nef furent transformées en un grand sanctuaire où l'on entrait par trois portes. Tout cela fut fait aux frais de l'évêque de Grignan, dont les armes ornaient autrefois les grilles. Quels qu'aient été pour ce prélat l'enthousiasme et les applaudissements de ses contemporains, nous croyons que ses largesses envers l'église St-Nazaire furent une véritable calamité pour le monument. Le niveau du sol fut changé, les piliers de la nef furent défigurés, les transsepts furent divisés en plusieurs parties; en résumé, cette restauration fut plus nuisible à la cathédrale St-Nazaire que la première république[15].

Le 20 février 1793, un grand nombre d'habitants de la Cité demandèrent au conseil du district la permission de réparer l'église. Le 18 mars suivant, les administrateurs le permirent à condition que les réparations seraient payées au moyen du produit de la vente des grilles du chœur. Un procès-verbal de pesage du 20 juillet 1793 constate qu'il fut extrait alors 109 quintaux de fer. Nous croyons que ce n'était là qu'une partie des grilles et qu'on en laissait sur place une plus grande quantité; car le 4 septembre 1793 un ordre du district, donné au nom du Comité du Salut-Pu-

blic, enjoint de livrer les grilles de St-Nazaire
pour fabriquer des affûts de canon; l'ingénieur
Denoyés fit alors un devis dans le but de rendre
l'église St-Nazaire propre au service d'une paroisse, dénuée de Chapitre. Il proposait de changer
de place le maître-autel, de supprimer dix stalles,
de pratiquer l'exhaussement du terrain sur certains points, l'abaissement sur d'autres : ce projet
ne fut exécuté qu'en partie[16].

Chapelle STE-CROIX.

(Voir ce que nous avons dit sur cette chapelle
en parlant de celle de Notre-Dame).

On remarque au mur du transsept méridional
une grande dalle représentant, au trait et en creux,
un chevalier que l'on croit être Simon de Montfort. Quoi qu'il en soit de cette conjecture, le héros
de la croisade contre les Albigeois fut enseveli
dans l'église de St-Nazaire, à l'extrémité (est) de
la nef latérale droite, à quelques pas de la chapelle Ste-Croix[17]. Mais trois années après, ses
restes furent exhumés, et portés par son fils au
monastère des Hautes-Bruyères, près Montfort-

l'Amaury (département de Seine-et-Oise). Néanmoins la comtesse de Montfort voulut qu'à perpétuité une lampe ardente fût entretenue devant
l'autel de Ste-Croix, en mémoire de son époux, et
qu'une messe y fût quotidiennement célébrée
pour le repos de son âme. Cette fondation a figuré
dans les nécrologes de la cathédrale jusqu'à la révolution de 1789[18].

La dalle dite de Simon de Montfort a été placée
dans l'église St-Nazaire, le 31 juillet 1845[19].

Chapelle St-Jean, du St-Sacrement, Ste-Anne, aujourd'hui St-Roch.

Nous avons fait connaître les changements que
l'évêque de Besons introduisit dans le service du
culte. (Voir ce que nous avons dit sur la chapelle
de St-Sernin). La chapelle du St-Sacrement fut
placée sous l'invocation de Ste-Anne en 1754.
Postérieurement une Société de Secours mutuels
entre ouvriers s'étant établie sous l'invocation de
St-Roch, cette chapelle lui fut affectée[20].

Chapelle St-Michel, aujourd'hui St-Joseph.

(Au sujet du nom de St-Michel donné primitivement à cette chapelle, voir ce que nous avons
dit en parlant de la chapelle St-Vincent).

L'évêque Louis de Nogaret fit, en 1656, une
nouvelle dédicace de cette chapelle, et voulut que
le supérieur de St-Lazare-les-Paris en fût le patron. Arnaud de Calmels, doyen du chapitre,
mort le 3 février 1627, y fut enterré. On voyait
encore « avant la première révolution une effigie en
» relief avec une épitaphe gravée sur une plaque de
» marbre noir, incrustée dans le mur[21]. » Au pied
des balustres de cette chapelle est la tombe de
Pierre d'Olivier ; on lit sur la pierre tumulaire :
CY GIT LE CORPS DE MESTRE PIERRE D'OLIVIER, CON-
SEILLER ET MAGISTRAT PRÉSIDIAL A CARCASSONNE, QUI
DÉCÉDA LE 17 AOUST 1622.

En face de la chapelle, sur le mur du transsept, on voit l'inscription suivante :

HIC ANTE ALTARE SANCTI MICHAELIS ET UNDECIM
MILLIUM VIRGINUM ET... NOBILIS VIRI..... NII DE TOR-
NISSIO.... SERRA JUDICIS REGII CARCASSON ENSIS.....
EORUM POSTERITATE..... HONORABILE CAPITULUM......

TENETUR..... XIII JULII IN PERPETUUM IN ALTARE MA-
JORI CELEBRARE FACERE VIDELICET MISSAM DE TEMPORE
CUM DIACONO ET MISSAM ITEM AD SEPULTURAM PRÆDIC-
TAM, ET TRES ANTIPHONAS CUM ORATIONIBUS SOLITIS DE
TRINITATE QUOD ALTISSIMUS DOMINUS EXAUDIAT AD
PROFECTUM FIDELIUM DEFUNCTORUM. Cette inscription
a été détériorée lorsque l'on a appliqué, contre le
mur de l'église, une malencontreuse armoire que
nous avons fait supprimer en 1842[22].

On voit deux portes à l'extrémité du transsept
méridional ; l'une amène à la chapelle Radulph.
Cet édifice ayant été construit à part et antérieure-
ment au chevet de St-Nazaire, nous lui consa-
crerons un article particulier.

LA SACRISTIE.

La porte en ogive conduit à la sacristie que l'on
appelait autrefois la Grande-Sacristie par opposition à la chapelle Radulph, désignée sous le
nom de Sacristie des féries ou petite sacristie.
C'est un édifice en pierre de taille, voûté, de
forme à peu près carrée, ayant une longueur de 9
mètres et une largeur de 7 mètres. Il a été bâti

postérieurement à la tour du transsept méridional,
auprès duquel il est placé. Nous pensons qu'il
renfermait autrefois l'autel de la *Très-sainte Tri-
nité* (*Sanctissimæ Trinitatis*), dont il est question
dans le registre de l'Ave-Maria, et dans le procès-
verbal de la visite que Pierre d'Auxillon fit dans
son église cathédrale le 13 juin 1508[25].

*Chapelle St-Barthélemy, St-Erasme, St-Gi-
mer, aujourd'hui* St-Laurent.

En face de la chapelle St-Jean, c'est-à-dire
à droite de la grande nef, on trouve une chapelle
érigée par l'évêque Pierre Rodier, l'un des successeurs de Rochefort (1324); elle est digne de fixer
l'attention à cause de l'ampleur, de la légèreté et
de la grâce de la fenêtre ogivale et des vitraux
à fond vert qui la décorent. La voûte de la chapelle est formée des quatre arcs qui s'entrecroi-
sent : les clés présentent les mêmes écussons
que les verrières; ces armes appartiennent au
fondateur de la chapelle. Les fenêtres sont d'un
beau style. Au centre de l'imposte est un quatre-
feuilles qui sert de base à huit triangles dont les
extrémités touchent légèrement le cercle. Tous

les côtés de l'imposte sont garnis de trèfles. Le mur du couchant est plein, mais orné d'une rose simulée.

Nous savons qu'en 1668 cette chapelle avait déjà perdu le nom de St-Barthélemy, et portait celui de St-Erasme. En 1754, sous l'épiscopat d'Armand de Besons, elle fut consacrée à St. Gimer. En voici les motifs : l'évêque Pierre de Rochefort avait recueilli les reliques de St. Gimer ainsi que celles d'autres saints (1321), et les avait déposées dans une châsse d'argent. Pierre d'Auxillon voulut vérifier les authentiques de Rochefort (1504). De son côté Armand de Besons, sur la demande du chapitre, fit ouvrir la châsse et l'exposa à la vénération des fidèles sur l'autel de St. Erasme. Dès ce moment la chapelle fut placée sous l'invocation de St. Gimer et la châsse y fut déposée ; elle a été fondue en 1793 ; mais les reliques ont été recueillies et sont encore l'objet de la vénération des fidèles dans l'église St-Nazaire. La tradition raconte que l'évêque Gimer était originaire de Carcassonne, et que sa maison paternelle était dans le faubourg de la Barbacane, sur le lieu même où a été élevée l'église qui lui est dédiée[24].

On peut voir dans cette chapelle l'épitaphe de Gérard-de-Vic, auteur de la Chronique des évêques de Carcassonne, et celle de l'évêque de Grignan.

On y remarque aussi un bas-relief qui représente le siége d'une place forte au moyen-âge. Il est du plus haut intérêt pour l'étude des armes et de l'art militaire à cette époque. On le trouve cité dans les Instructions sur l'architecture militaire, rédigées par ordre du gouvernement, (page 16). Nous l'avons fait placer, le 7 octobre 1844, dans la chapelle St-Laurent. Il était auparavant employé comme revêtement au bas d'un mur, dans une des parties les plus obscures et les plus humides de l'église[25].

Chapelle de Notre-Dame des Bonnes-Nouvelles, aujourd'hui LES FONTS-BAPTISMAUX.

Cette chapelle est dans le style ogival croiseté. On voit encastrée dans le mur voisin du côté de l'est la face antérieure d'un sarcophage des premiers siècles que nous avons trouvé au bas de la tour du clocher, au-dessous de la première marche de l'escalier.

Les vitraux de St-Nazaire méritent une mention particulière: les uns sont du XIV siècle, les autres du XVIᵉ. Aucune église du Midi de la France n'offre d'aussi belles verrières. Nous signalerons : 1º celle de la chapelle Notre-Dame, où l'on voit représenté le jugement dernier et l'arbre de Jessé sur lequel on peut lire les mots de *Roboam*, *Ezéchiel*, etc.; 2º la première verrière de l'abside du côté gauche où l'on voit représentés, dans une série de médaillons à fond bleu, la décollation de St. Paul, le crucifiement de S. Pierre et les principaux actes de leur vie; 3º la première verrière du côté droit de l'abside, où sont représentés la vie de St. Nazaire et celle de St. Celse : 4º La verrière de la chapelle Ste-Croix qui représente l'ancienne loi et la nouvelle, ou les textes de l'ancien testament rapprochés de l'Evangile. On ne connaît pas de verrière qui offre un aussi grand nombre de lettres ; c'est une page de verre unique en son genre. Nous avons déjà parlé des verrières de la chapelle de St-Vincent[26].

Toute la partie ogivale de St-Nazaire est généralement regardée comme un des plus beaux mo-
dèles des constructions religieuses du XIVe siècle. Le caractère saillant et le type architectural
offerts par cette église ont fixé sur elle l'attention
particulière du gouvernement. Le 20 novembre
1840, en qualité d'inspecteur des monuments historiques, nous avons adressé une monographie
complète de St-Nazaire à M. le Ministre de l'intérieur, en signalant cet édifice comme unique en
son genre dans le Midi de la France. Cet envoi,
était accompagné d'un rapport, dans lequel nous
signalions le déplorable état du monument. Quelques allocations de fonds permirent alors de faire
des réparations urgentes. Sur de nouveaux rapports
le Ministre de l'intérieur confia, en 1844, à
M. Viollet-Leduc, architecte du gouvernement, la
restauration de l'église St-Nazaire, dont le chevet
a été déjà en grande partie rétabli dans son état
primitif. Une somme de cent mille francs environ a été dépensée à cet objet. L'entière restauration de ce monument ne s'élèvera pas à moins
de quatre cents mille francs. C'est le budget des

monuments historiques qui fournit à cette belle
entreprise; mais la commune de Carcassonne, ja-
louse de posséder un édifice aussi remarquable,
y contribue annuellement autant que le permettent
les ressources locales.

IX.

LA CHAPELLE ET LE TOMBEAU DE RADULPH.

Pendant que nous préparions la monographie
de l'église St-Nazaire, et que chacune des parties
de ce monument devenait pour nous l'objet d'un
examen particulier, nous reconnumes qu'un édifice contigu, désigné sous le nom de Petite Sacristie ou Sacristie des féries avait subi des changements notables depuis sa construction. Nous ju-
geâmes alors convenable de faire opérer quelques
fouilles ; elles furent commencées le 18 juin
1839, et le même jour nous signalions à l'auto-

rité une importante découverte par l'étude de l'art chrétien au moyen-âge[1].

La chapelle Radulph forme à elle seule comme une petite église distincte, elle a été bâtie avant le chevet actuel de Saint-Nazaire auquel elle est contiguë. Sa longueur est de 13 mètres 50 c., sa largeur est de 5 mètres 10 c., les voûtes et les murs sont construits en grés calcaire, d'appareil régulier. Le haut de la chapelle est en forme d'abside, laquelle est placée du côté du levant, et offre une particularité remarquable : c'est une fontaine avec un mascaron et une auge qui ont été trouvés dans l'état où on les voit aujourd'hui.

La chapelle date du XIIIe siècle ainsi que le tombeau de l'évêque Radulph. On y voit l'évêque debout avec ses habits pontificaux, qui diffèrent beaucoup de ceux qui sont en usage aujourd'hui; le manipule est très étroit, la chasuble n'est pas échancrée et se replie sur les bras ; l'étole, qui tombe jusqu'aux pieds, est aussi étroite que le manipule ; l'évêque tient dans la main la crosse pastorale ornée d'une espèce de bandelette, il tient l'autre main à moitié ouverte, comme pour donner la bénédiction épiscopale[2].

La statue se dresse sur une corniche élégante qui sert de couvercle à un sarcophage. On y voit des feuilles de chêne avec leurs glands, des feuilles de vigne avec leurs grappes, qui s'enroulent et s'entrelacent avec divers autres ornements ; sous la feuillée, un chien est à la poursuite d'un lièvre. Tous ces détails sont du meilleur goût. Au-dessous de la corniche on lit, sur trois lignes, l'inscription suivante :

† TITULUS MONUMENTI VENERABILIS PATRIS GUILLELMI RADULPHI DEI GRATIA CARCASSONENSIS EPISCOPI QUI PRÆSENTEM CAPELL

AM CONSTRUXIT ET IN EA SACERDOTEM INSTITUIT SEDIT AUTEM IN EPISCOPATU ANNIS XI DIEBUS XXV ET DEFICIENS

OBIIT IN SENECTUTE BONA ET MISERICORDIA UBERI ANNO DOMINI MCCLXVI. VI FERIA KAL. OCTOB. HORA VESPERTINA.

La Chronique des évêques de Carcassonne nous apprend que Radulph avait construit une chapelle pour l'usage de l'infirmerie des chanoines qui vivaient alors sous la règle de saint Augustin ; mais l'auteur de la Chronique ignorait quelle était

cette chapelle. L'inscription nous donne cette indication, et nous apprend en outre que ce monument est le tombeau du fondateur de la chapelle,
et qu'il est mort en 1266, et non en 1265, comme l'ont supposé les auteurs du nouveau *Gallia
christiana*[3].

Au-dessous de l'inscription est un sarcophage qui
représente une église, et un cloître formé de 12
arcades trilobées. Sous ces arcades sont sculptés
des chanoines avec la chemise romaine, la tête
rasée et portant l'aumusse. A l'arc du milieu on
voit Radulph étendu mort, ayant autour de lui
l'évêque, les prêtres et les acolytes qui font l'ab-
soute; l'âme de Radulph est portée au Ciel par
des anges. Ce monument de pierre est d'une ad-
mirable conservation, qui ne s'explique que parce
qu'il est demeuré enfoui pendant un très-long
espace de temps. Nous croyons que le comblement de la chapelle date au moins de trois siècles.
Nous avons exposé les motifs de notre opinion
dans la notice sur la chapelle et le tombeau de
l'évêque Radulph, publiée en 1840[4].

Le mérite de l'objet en lui-même n'est pas

moins remarquable que sa conservation. Les statues n'ont pas cette raideur et cette immobilité
qui rendent difformes les sculptures du XIIIe siècle : on y trouve du dessin, du mouvement et
même une certaine grâce. Les costumes religieux
du temps offrent un sujet fécond d'études liturgi-
ques. Les personnages sont représentés presque
en bosse entière ; la grande statue de l'évêque est
seule d'un relief moindre. Il existe une grande
variété dans l'ornementation de l'église figurée sur
le sarcophage. Aucune des roses qui sont entre
les petites et les grandes ogives n'est l'imitation
d'une autre : tantôt c'est un quatre-feuilles, tantôt
un trèfle, ici c'est une figure triangulaire, là une
espèce d'étoile, puis des entrelacs ; mais tout est
fouillé avec la même patience et la même habileté.
Les piliers sont tout-à-fait en saillie, ceux qui
forment les angles sont même détachés et ne tien-
nent au corps du monument que par leurs socles
et leurs chapiteaux. Les caractères de l'inscription
sont d'une rare élégance et présentent une arête
vive, qui témoigne de leur rare conservation.
Toutes les parties de ce monument sont traitées

avec une si grande délicatesse qu'on n'exagère
pas son mérite en le plaçant au rang des plus
précieux morceaux que nous ait légués le moyen-
âge.

CHAPITRE III.

LES PONTS SUR L'AUDE.

I.

LE PONT-VIEUX.

On a vu que, pendant la première moitié du moyen-âge, il existait un pont de bois non loin de la barbacane du château, et auprès du lieu où est le Moulin-du-Roi. Un droit de péage y était perçu au profit du Vicomte. Ce ne fut qu'en 1194 que Roger Trencavel l'abolit dans son testament[1]. Dix ans avant, il avait accordé la permission expresse aux habitants de Carcassonne de prélever une contribution, comme ils l'entendraient, pour construire un nouveau pont. Le Vicomte ne se réserva qu'un tribut annuel à peu près nominal, puisqu'il ne consistait qu'en deux mesures de froment. Un certain temps s'écoula avant que l'*université* ou *communauté* fût en mesure d'entreprendre ce travail. On a commis une erreur quand on a fixé à l'année 1184 la construction du pont de pierre[2]. Nous croyons que ce ne fut que vers le milieu du XIIIe siècle, et après que la ville-basse ou bourg-neuf eut été fondée, que le projet de construction du pont fut exécuté[3].

Ce monument a une longueur de 210 mètres, une largeur de 5 mètres dans la voie ordinaire, et de 9 mètres aux points où l'on rencontre les avant et arrière becs dont les sommités forment autant de refuges. Il a douze arches à plein cintre d'une largeur inégale, la plus grande a 14 mètres d'ouverture et la plus étroite 10 mètres.

Il était divisé en deux parties par un arc en

pierre, fondé sur un avant et un arrière bec,
lequel formait la limite des deux communautés de
la Cité et de la ville-basse[4]. C'est là que se si-
gnaient les traités de paix conclus à la suite des
dissentions intestines qui ont souvent agité les
habitants des deux villes de Carcassonne. La
croix de pierre que l'on remarque sur le pont
et qui fût enlevée en 1793, a été replacée du côté
du faubourg des Trivalles sur le lieu même où
elle était anciennement, ainsi que l'atteste le plan
de cette ville dressé en 1467. Ce monument est
remarquable par ses proportions si l'on se reporte
par la pensée à une époque où les transports se
faisaient ordinairement au moyen de bêtes de
somme.

L'aspect du pont n'a changé que depuis 1820.
On y voyait encore à cette époque des parapets
fort légers, flanqués de deux trottoirs gracieux. On
sait que deux arches s'écroulèrent en 1436, mais
outre la réparation qui fut faite alors, plusieurs
autres parties furent remaniées en 1559, et même postérieurement, sans cependant lui faire perdre son cachet primitif. La déplorable restaura-

tion de 1820 est celle qui a le plus altéré son ancienne forme. Ce monument a été construit à une
époque antérieure à celle de la fondation du pont
Saint-Esprit, et mérite de fixer l'attention comme
exemple de l'architecture pratiquée par l'ordre
des frères Pontifes ou hospitaliers de saint Bene-
zet, dans les premiers temps de son institution.

II.

LE PONT-NEUF.

Ce pont, qui fait partie de la grande route de
Narbonne à Toulouse, est situé sur la rivière
d'Aude à 135 mètres en aval du pont vieux.

Il est composé de sept arches de 15 mètres
d'ouverture; les voûtes sont en arc de cercle;
elles ont 2 mètres de montée et 1 mètre d'é-
paisseur à la clé; leur naissance a été placée au-
dessus du niveau des plus hautes eaux connues[1].

Les piles, qui se distinguent par une extrême
légèreté, ont à peine deux mètres d'épaisseur au
sommet, sur une hauteur de 6 mètres au-dessus
du socle, et paraissent de simples colonnes quand
on les voit de profil.

Deux arches de halage de 3 mètres d'ouverture
ont été ménagées dans le massif des culées pour
faciliter les communications sur l'une et l'autre
rive. L'édifice est couronné par une élégante corniche au-dessus de laquelle s'élèvent les parapets;
elle est ornée de modillons sur le corps même du
pont et se prolonge plus simplement sur les murs
en retour.

Cet ouvrage d'art est entièrement construit en
pierre de taille de très grand appareil ; sa longueur
entre les culées est de 119 mètres et de 155 en
y comprenant les murs d'avenue ; sa largeur est
de 10 mètres 50 centimètres entre le nu des têtes, et de 12 mètres sur les culées. La voie du
pont a 6 mètres 50 centimètres de largeur ; elle
est bornée de part et d'autre par un trottoir de
1 mètre 50 centimètres pour le passage des pié-
tons. Nous signalerons en passant un système as-

7

sez ingénieux employé pour l'écoulement des eaux
pluviales ; au-dessous de la chaîne en pierre qui
borde les trottoirs, on a ménagé de petites rigoles
pour recevoir les eaux des revers de la chaussée,
et les conduire à des tuyaux en fonte qui se dé-
gorgent dans la rivière à travers le sommet des
voûtes.

Les dés ou massifs que l'on voit à l'entrée et à
la sortie du pont sont destinés à supporter un jour
quatre grandes statues ou quatre figures de lion
ou de sphinx, pour compléter ainsi la décoration
de l'édifice.

Les pierres, dont les dimensions et la beauté
ne sauraient échapper à l'œil de l'observateur, pro-
viennent des carrières ouvertes aux environs de
Carcassonne ; celles qui recouvrent les dés principaux ont 2 mètres de largeur en tout sens et
une épaisseur de 55 centimètres. On rencontre
dans l'assise supérieure des parapets des pierres
de 5, 6, 7 et jusqu'à 8 mètres 50 centimètres de
longueur ; ce sont de vrais *monolithes.*

Ce monument, remarquable par l'élégance de
ses formes, l'harmonie de ses proportions et le

choix des matériaux , a été construit sur les dessins et sous la direction de M. l'ingénieur en chef Jouvin. La première pierre a été posée avec solennité le 1er mai 1841, et le pont a été livré au public le 1er mai 1846[2].

Une médaille commémorative a été frappée pour constater l'époque de la fondation de ce monument et rappeler les noms des principaux personnages qui ont concouru à son exécution.

CHAPITRE IV.

LES MONUMENTS DE LA VILLE-BASSE.

I.

L'Enceinte militaire et les Portes.

La Ville-Basse est remarquable par la régularité de ses rues coupées à angle droit. Son enceinte actuelle est à peu près carrée, mais les côtés sont de grandeur inégale; le plus court est celui du nord, le plus long est celui de l'ouest. Elle était encore entourée au XVIII° siècle d'un fossé sans contrescarpe. L'enceinte de la Ville-Basse fut bâtie de 1355 à 1359, sous les ordres du comte d'Armagnac[1], son pourtour est de 2,800 mètres. Les bastions que l'on voit aujourd'hui furent construits postérieurement à 1359 ; on se borna, à cette époque, à élever aux angles des tours rondes d'une dimension plus considérable que celle des autres parties de l'enceinte, et dont quelques-unes sont encore visibles. Le mur d'enceinte et les petites tours sont en appareil régulier, mais moins bien bâties que les fortifications de la Cité. Vers la fin du XVIe siècle, à l'occasion des guerres religieuses qui désolaient le midi de la France, on flanqua la ville de cinq bastions, un à chaque angle, et un sur le côté de l'enceinte vers l'ouest. Ceux qui restent sont en effet des premiers temps du nouveau système des fortifications, et d'une époque où l'on n'avait pas encore su se défaire des habitudes des formes rondes. Un orillon placé sur les flancs des bastions diminue sensiblement l'effet qu'ils pourraient produire s'ils avaient des angles vifs. Ils renfermaient tous une galerie et une contremine. Quoique ces bastions soient regardés aujourd'hui comme mal construits au point de vue de l'art militaire moderne, ils méritent une mention particulière, parce qu'ils terminent, à Carcassonne, la série des édifices militaires, où l'on peut suivre un cours de fortifications depuis les Romains jusqu'à Vauban.

A la veille de la révolution de 1789, la Ville-Basse n'avait encore que quatre portes : 1° celle de l'ouest, de Toulouse ou des Augustins, ornées de deux belles tours qui formaient comme un châtelet, elles furent soigneusement restaurées en 1749; mais un arrêt du conseil[2], en date du 31 mars 1778, ayant fait concession à la communauté de la Ville-Basse des murs, tours, fossés, remparts et chemins de ronde à perpétuité, les consuls, qui avaient déjà démoli les combles de la porte dix ans auparavant, laissèrent se détériorer ce monument qui fut entièrement détruit en 1806[3]; 2° la porte du nord ou des Carmes, qui a été désignée pendant quelque temps sous le nom de Dillon, à cause des efforts que fit ce prélat pour amener l'établissement du Canal sous les murs de la ville; 3° celle de l'est ou des Cordeliers, aujourd'hui de la

Mairie, et 4° celle du sud ou des Jacobins, qui étaient voûtées et flanquées de corps-de-garde. La porte des Cordeliers était dans les premiers temps de la construction de la ville, sur l'emplacement de la porte du palais de justice actuel; elle prenait son nom d'un couvent de Cordeliers, situé près le faubourg de l'Hôtel-Dieu, et qui fut démoli pendant les guerres religieuses du XVIe siècle. Si les portes des Cordeliers et des Jacobins sont situées un peu au-dessous de la ligne qui détermine le milieu de la Ville-Basse, c'est à cause de la présence des églises St.-Michel et St.-Vincent. Quant à la porte des Jacobins, elle fut reconstruite sur le même emplacement, en 1778, dans le style monumental de l'époque[4].

II.

Les Monuments religieux.

St. Louis, en autorisant les habitants suspectés d'hérésie à construire la Ville-Basse, leur avait imposé l'obligation de relever certaines églises qui faisaient partie des anciens faubourgs; ils se conformèrent à ses injonctions[1], et de plus ils fondèrent deux chapelles ou églises qui furent placées sous l'invocation de St. Michel et de St. Vincent, en mémoire de celles qui existaient dans les anciens faubourgs; elles furent même placées l'une au sud et l'autre au nord, c'est-à-dire dans la position respective qu'elles occupaient autrefois. Lorsque le plan de la Ville-Basse fut tracé, la rue Mage, aujourd'hui la Grand'rue divisait la ville en deux parties. L'église dédiée à St. Michel fut placée au point central entre cette rue et le côteau où est aujourd'hui situé le cimetière du Sud: l'église dédiée à

S. Vincent fut aussi placée à un point à peu près
central entre la rue Mage et le côteau de Grazaille.
Mais lorsqu'en 1335 l'enceinte de la ville dût
être réduite, la moitié de la ville du côté du nord
étant d'une largeur moindre que celle du midi,
l'église St.-Vincent put être comprise dans l'intérieur de la ville, tandis que l'église St.-Michel se
trouvant sur les limites de l'enceinte, son mur du
sud devint une partie de la fortification[2]. Les deux
églises demeurèrent debout au milieu de la destruction générale de la Ville-Basse, qui eut lieu
en 1355. Avant les réparations faites dans le
cours du XVIIIe siècle, on y distinguait encore sur
les murailles les traces de l'incendie allumé par
le prince de Galles[3]. St.-Michel et St. Vincent
étant regardées pendant les premiers temps comme les églises des anciens faubourgs, le chapitre de
St.-Nazaire les faisait desservir par un prêtre qu'il
désignait. En 1442, la reine Marie d'Anjou, à
son passage à Carcassonne, fit instituer à St.-Mi-
chel un vicaire perpétuel qui prit plus tard le nom
de curé. Quelques années après, l'église St-Vincent
obtint la même faveur[4].

III.

L'Église St-Michel.

L'église St.-Michel est formée d'une seule nef : entre les contreforts ont été placées plusieurs chapelles qui se trouvent ainsi rangées naturellement au nord et au sud ; l'abside est gracieuse et les arcs de la nef décrivent de légères ogives ; au fond de la nef brille une rose ornée de vitraux de couleurs. Les deux principales portes ont été masquées : l'une, celle du côté du nord, par un massif de maçonnerie auquel est attachée actuellement la chaire à prêcher ; l'autre, par la chapelle du fond de l'église, laquelle forme une espèce de porche. Ces deux portes sont postérieures à la construction primitive ; car, sans parler des restaurations complètement inintelligentes et qui sont beaucoup plus modernes, l'église a été ornée de la plupart des sculptures qu'on y remarque pendant le XVe et le XVIe siècle. Au nombre des morceaux de sculpture moderne, on doit citer le tabernacle, en marbre blanc , qui représente le groupe allégorique des quatre évangélistes, placé aujourd'hui sur le maître-autel.

Lors du rétablissement du culte en France , le cardinal légat Caprara, dans la bulle d'institution canonique, prescrivit entre autres objets au nouvel évêque de Carcarcassonne de rétablir la cathédrale et le chapitre de son diocèse. Le 18 mai 1803 , M. de Laporte rendit une ordonnance par laquelle il statuait que la cathédrale serait provisoirement placée dans l'église St-Michel de la Ville-Basse. Le même jour le nouveau chapitre y fut installé[1]. Le Saint-Siége approuva l'ordonnance épiscopale du 18 mai 1803 ; dès-lors , comme on serait tenté de le croire , la cathédrale du diocèse de Carcassonne n'a pas cessé d'être sous l'invocation de S. Nazaire et de S. Celse, mais l'ancienne basilique qui porte ce nom n'est plus le siége des cérémonies capitulaires[2].

Un incendie ayant, le 5 novembre 1849, considérablement détérioré le chœur de l'église

St.-Michel, on songe non-seulement à réparer les ravages du feu, mais à restaurer et à agrandir ce monument[5].

IV.

L'Eglise et la Tour de St-Vincent. — La Pierre du Méridien.

L'église St-Vincent a une forme analogue à celle de St-Michel, mais la nef est plus vaste, elle mérite d'être remarquée à cause de sa belle largeur. Cet édifice devait avoir un plus grand nombre de travées; la réduction du projet dans sa longueur a donné un aspect d'ampleur aux arcs de la voûte, qui ne serait pas aussi frappant si l'édifice eût été achevé.

La grande porte de l'église date du XVe siècle, celle du sud et celle du nord ont été bâties dans le cours du XIV siècle; les parties intérieures de ces

deux dernières portes sont du XVe. On lit à la
porte du sud, sur le mur latéral de l'ouest, l'inscription suivante, en caractères gothiques :

BENEDICTUM SIT NOMEN DOMINI NOSTRI DEI JESU
CHRISTI ET SANCTÆ VIRGINIS MATRIS EJUS. AMEN.

HIC EST TUMULUS BARTHOLOMEI EUDRARDI ET
GUILLELMI EUDRARDI FRATRUM NOTARIORUM CARCAS-
SONENSIUM QUORUM ANIMÆ PER DEI MISERICORDIAM
REQUIESCANT IN PACE. AMEN[1].

Les panneaux élevés des vitraux de l'abside
datent de la fin du XVe siècle ; on y distingue
encore quelques caractères : sur les verrières qui
sont au côté gauche de l'église, on lit quelques
passages du symbole des apôtres ; sur celle de la
partie droite on voit les noms des personnages qui y
sont représentés. Il est à regretter que ces verrières aient subi de nombreux remaniements et de
plus nombreuses réparations : ainsi l'écu de la
famille de l'Estang et d'autres écus ont été replacés
sur les verrières, sans discernement, longtemps
après leur exécution primitive[2].

La tour qui sert de clocher à l'église St-Vincent
n'est pas terminée ; elle est élégante et hardie ; si

elle eût été continuée avec les proportions indiquées par sa base, elle aurait atteint une hauteur remarquable. Elle mérite aussi d'être citée à cause des importantes observations géodésiques qui y ont été faites. En 1740, Cassini y vérifiait ses calculs sur la mesure de la terre ; en 1760, ses fils y poursuivirent une épreuve de ce beau travail, dans le but de composer la grande carte de France, qui porte encore leur nom. A la fin du XVIIIᵉ siècle, Méchain et Delambre se servirent de ce point pour y calculer l'arc du méridien de Paris, d'où a été tirée l'unité de mesure qui a servi de base à notre système métrique.

Le passage de la ligne méridienne fut alors fixé à 570 toises, ou 1111 mètres ouest de la tour St-Vincent. A cette occasion et sur ce point, voisin du pont d'Iéna, a été placée une pierre monumentale sur laquelle est gravée la direction du méridien, et celle de la perpendiculaire, qui part de la tour de St-Vincent. Il est à remarquer que la pierre du méridien est à une distance de l'observatoire de Paris, égale à la 64ᵉ partie de la circonférence de la terre³.

V.

Les Places et la Fontaine du Neptune.

La place désignée ordinairement sous le nom de *Place-Vieille*, par opposition à la *Place-Neuve* où ont été établies les halles depuis un siècle environ, avait une étendue beaucoup plus grande au moment où le plan de la Ville-Basse fut tracé ; elle s'étendait de la rue Mage ou Grand'rue, jusqu'à la rue Pinel et à celle de l'Aigle-d'Or ; elle fut réduite aux dimensions actuelles qui ne sont guère que la moitié de celles d'autrefois. Au moment de la reconstruction de la Ville-Basse, en 1355, jusqu'au milieu du XVIIIe siècle, cette place était de plus encombrée par des halles[1]. Dès qu'il fut décidé qu'elles seraient transférées sur le lieu où elles sont en ce moment, et où étaient alors l'officialité et l'église de Ste-Marie-du-bourg-neuf, on éleva la fontaine de marbre blanc d'Italie. Ce beau travail fut terminé en 1770 ; il est l'œuvre des Barata père et fils, sculpteurs italiens, qui résidaient à Montpellier, et qui étaient originaires de Massa, dans le duché de Massa-Carrara[2].

Au milieu d'un bassin en marbre incarnat, de Caunes, s'élève un socle carré orné d'inscriptions sur les faces et de gracieux enroulements aux angles. Au-dessus de ce socle sont deux tritons et deux nayades qui semblent commander à des dauphins dont les naseaux laissent échapper des jets d'eau nombreux. Ces personnages mythologiques sont surmontés d'une belle vasque ornée de mascarons et de guirlandes, et au milieu de laquelle se dresse une statue de Neptune placée sur un piédouche, d'où sort une source abondante qui se distribue en cascades autour du monument. L'idée du Neptune est ancienne, car avant que la fontaine qui vient d'être décrite ne fût élevée, il en existait une depuis l'année 1675 sur ce même point, où figuraient aussi le Dieu des mers et quatre chevaux marins. Elle fut transportée en 1765 au carrefour du faubourg de l'Hôtel-Dieu, lequel prit depuis le nom de *Roi-des-eaux*. Le nom s'est maintenu, quoique la fontaine ait été démolie depuis quelques années[5].

Voici les ornements et inscriptions gravés sur le monument :

Du côté du nord, où sont les armes de la Ville-Basse : de gueules, à l'agneau pascal d'argent, la tête contournée, à la bordure cousue d'azur, semée de fleurs-de-lys d'or ; l'écu accolé de deux palmes de sinople, liées d'azur par leurs tiges. On lit sur cette face les deux inscriptions suivantes :

Anno Domini MDCCLXXI
Consulibus
Antonio Thoron, Joanne Pont,
Arnaldo Manzot, Ludovico Bernard,
Procuratore Regio, Joanne-Francisco Besaucèle,

Grata tuus Carcasso feret dum munera lanæ
Agnus, opes variæ fontis ut unda fluent.

Du côté de l'est :

Ut fugit unda fluens, fugiunt sic ludicra cæcæ
munera fortunæ, nec manet usque favens.

8

Du côté de l'ouest :

QUAS TULIT AMNIS ATAX PULCHERRIMA NYMPHA DECORÆ

SEDIS AMANS QUÆRULO MURMURE MOESTA FUGIT.

Du côté du sud, où étaient sculptées les armes de France :

MARMORA TEMPUS EDENS EDET HÆC INSIGNIA REGIS,

TEMPORIS INVIDIAM VINCET AMORE PATER.

VI.

LE JARDIN PUBLIC ET LE CANAL DU MIDI.

Le comblement des fossés qui entouraient autrefois la Ville-Basse, a contribué à son embellissement, puisque c'est sur la place même qu'ils occupaient qu'ont été plantées depuis un demi-siècle les belles avenues qui ombragent les anciens remparts[1]. Au nord de la ville, l'espace compris entre le boulevard et le côteau de Grasaille, offrant un certain développement, on a eu la pensée d'y établir un Jardin public. Vers les dernières années de la restauration les allées furent tracées et plantées, mais peu à peu l'idée du Jardin a été abandonnée, et ce lieu n'est aujourd'hui qu'une place plantée d'arbres; mais il y aurait peu à faire pour le rendre à sa destination primitive.

Au milieu de cette place s'élève, sur un piédestal carré, une colonne de 7 mètres 35 centimètres de hauteur, en marbre incarnat rouge et blanc, pareille de tout point à douze colonnes qui décorent le Trianon. Elle fut extraite et taillée à l'époque où l'on exploita les carrières de Caunes pour en tirer les marbres destinés à orner le palais de Versailles et ses dépendances. A droite et à gauche de la colonne, et aux points qui correspondent aux débouchés des rues du Port et du Marché, s'élèvent deux fontaines de marbre blanc, formées chacune de deux vasques superposées. Les eaux sont recueillies dans un bassin rond en grés calcaire. Sur le piédestal de ces deux monu-

ments on voit sculptées les armes de la Ville-Basse
et l'écu de France avec les inscriptions suivantes :

REGNANT
CHARLES X.
MDCCCXXXIII.

ETANT MAIRE :
M. LE BARON DE FOURNAS-MOUSSOULENS,
MEMBRE DE LA CHAMBRE DES DÉPUTÉS,
CHEVALIER DE LA LÉGION-D'HONNEUR;
ADJOINTS :
MM. DOMINIQUE REBOULH,
ET J.-J. ROUSTIC.

Du côté de la ville, le jardin public est au niveau du boulevard, mais du côté opposé il forme
une sorte de terrasse d'où l'on voit l'un des ports
les plus élégants du Canal du Midi. Depuis sa
création, le Canal passait à la distance d'une demi-
lieue de Carcassonne, lorsque, en 1786, les États
de Languedoc, sur les instances des autorités locales, délibérèrent d'en changer le cours[2]. Les cir-
constances politiques retardèrent l'exécution de ce

projet, qui était très dispendieux à cause des nombreux travaux d'art qu'il nécessitait. A l'ouest de Carcassonne, il fallut construire un pont plus haut qu'aucun de ceux que l'on rencontre sur le Canal (le pont d'Iéna) ; à une faible distance, en aval, un second pont (le pont de la Paix). Un port dut ensuite être creusé en face de la ville : il a la forme d'un parrallélogramme dont les angles sont arrondis ; sa profondeur est de trois mètres ; il est entouré d'un large mur en pierre de taille. Un troisième pont (le pont de Marengo) était indispensable pour le passage de la route de Narbonne par le Minervois[3]. Mais une œuvre d'art plus considérable était nécessaire à la rencontre du Canal, du Fresquel et de la grande route dont nous venons de parler. Ce point est situé à 2,800 mètres sud-est de Carcassonne. Le pont aquéduc qui y fut construit est bien conçu et d'une belle exécution. Trois arches en arc de cercle, d'une largeur de 11 mètres 69 centimètres, permettent au Fresquel de couler sans obstacle par les plus grandes crues. La largeur de la voie du pont, qui est de 25 mètres 33 centimètres, est suffisante pour

qu'au-dessus soient établis, l'un près de l'autre,
le grand chemin, la cuvette du Canal et l'espace
nécessaire pour le hallage. Ce monument est
construit en pierre de taille, avec solidité et élégance. Un large entablement, orné d'une frise
dorique, est destiné à dissimuler le mur de tête
que l'on remarque au-dessus des voûtes, quand on
considère le pont en profil; cet espace est occupé
à l'intérieur par les parois du Canal qui devait
nécessairement être encaissé au-dessous des parapets. Huit ans furent employés à la construction
de cette œuvre[4].

Outre le bassin et les ponts, il fallut encore fon-
der plusieurs écluses; tous ces monuments, aux
frais desquels la ville de Carcassonne contribua
pour une grande part, furent terminés dans les
premières années du XIXᵉ siècle. Le passage du
Canal du Midi sous les murs de cette ville, fut so-
lennellement inauguré le 31 mai 1810[5].

NOTES.

NOTES.

PRÉCIS HISTORIQUE.

[1] Ce Précis est extrait de l'*Histoire du comté et de la vicomté de Carcassonne*, et de la *Chronique de Carcassonne, depuis la réunion de la vicomté à la couronne de France jusqu'à nos jours.* Il n'a été fait que du point de vue de la statistique monumentale de cette ville, et n'est, à proprement parler, qu'un abrégé de l'histoire de ses monuments.

Afin de suppléer le plus brièvement possible aux notions historiques nécessaires à l'intelligence complète de cet ouvrage, nous allons donner la liste chronologique des comtes, vicomtes et évêques de Carcassonne. Les catalogues que nous donnons diffèrent de ceux que l'on trouve dans l'*Art de vérifier les dates* et le *Gallia christiana*. On peut voir les motifs qui nous ont déterminé à adopter des nomenclatures nouvelles, dans l'Histoire du comté et de la vicomté de Carcassonne.

Tableau Chronologique des Comtes et des Vicomtes de Carcassonne.

Ire Époque. — *Administration directe des Comtes.*

BELLON, comte postér. à 778 et avant 812.	
GISCLAGRED paraît dans les doc. en 812.	
OLIBAN Ier paraît en 821; mort en 837. ELMÉTRUDE et RICHILDE, comtesses.	
OLIBAN II paraît en 851.	FRÉDARI, Vicomte.
BENCION et ACFRED.	SICFRED.
ACFRED *seul* en 908.	
ARNALD paraît en 944; mort en 957. ARSINDE, comtesse.	AMÉLI.
ROGER dit LE VIEUX paraît en 957. ADALAIS comtesse.	{ RADULPH. ARNALD.
PIERRE DE GIRONNE, de 1012 à 1050.	
PIERRE RAYMOND, de 1012 à 1061.	
GUILLAUME RAYMOND, de 1012 à 1043.	
RAYMOND GUILLAUME, de 1043 à 1068.	
PIERRE GUILLAUME, de 1043 à 1068.	
BERNARD GUILLAUME, de 1043 à 1068.	
ROGER DE FOIX, de 1050 à 1095.	
ROGER PIERRE, de 1061 à 1067. RANGARDE, tutrice:	
HERMENGARDE, en 1067.	
ADELAIDE dite SANCIA, en 1067.	
RAYMOND BÉRANGER Ier, comte de Barcelone. ALMODIS, comtesse, en 1067.	RAYMOND ARNALD.
RAYMOND BÉRANGER II, en 1076. MATHILDE, comtesse.	
RAYMOND BÉRANGER III, en 1082	

IIᵉ Époque. — *Administration directe des Vicomtes.*

HERMENGARDE, vicomtesse, en 1082.	GUILLAUME DE PONS, 1090, Viguier.
BERNARD-ATON, en 1090.	
CECILE, comtesse.	
ROGER–BERNARD, en 1130.	BERNARD DE TRESMALS, 1138, — GUILLAUME DE ST-FÉLIX, 1146, Viguiers.
ADELAIDE ET BERNARDE, 1139 vicomtesses.	
RAYMOND-TRENCAVEL Iᵉʳ, en 1150.	GUILLAUME DE ST-FÉLIX.
SAURE, vicomtesse.	
ROGER–TRENCAVEL, en 1158.	GUILLAUME DE ST-FÉLIX, mort en 1165, — HUGUES DE ROMEGOSO, 1172, — ISARN DE BERNARD, 1185,—ARNALD DE RAYMOND, 1193, Viguiers, — NATHAN et MOÏSE CARAVITA, baillis du vic.
ADELAIDE, vicomtesse de Carcassonne et comtesse des Burlats.	
RAYMOND-TRENCAVEL, en 1194.	ARNALD DE RAYMOND jusqu'en 1201, viguier. —GUILLAUME HUGUES 1193, Sous-viguier, — RAYMOND LOMBARD bailli du comté en 1203, —SAMUEL BERNARD, bailli du domaine vicomtal.
RAYMOND-TRENCAVEL II, en 1209.	VERLÉS D'ENCONTRE, 1210, Viguier et lieutenant de Simon de Montfort.
SIMON DE MONTFORT, en 1209.	
AMAURY DE MONTFORT, en 1218.	
RAYMOND-TRENCAVEL II, 1224.	PIERRE DE LAURE, 1224, viguier.

Réunion définitive du Comté et de la Vicomté de Carcassonne à la couronne de France en 1247.

CATALOGUE DES ÉVÊQUES DE CARCASSONNE.

Le Catalogue des évêques de Carcassonne doit être divisé en deux parties : la première renferme la liste des évêques dont les actes ont une date certaine, et forme un tableau chronologique dans lequel il sera néanmoins impossible de donner aux noms un numéro d'ordre ou de succession, car plusieurs évêques ont précédé Sergius, et les documents historiques ne remplissent pas toutes les lacunes que l'on remarque postérieurement ; la seconde partie du catalogue renferme les évêques dont les noms sont rapportés dans les martyrologes ou les nécrologes, mais dont les actes sont inconnus ou sans date précise ; cette liste sera donnée par ordre alphabétique.

Première Partie.

TABLEAU CHRONOLOGIQUE DES ÉVÊQUES DE CARCASSONNE.

NOMS DES EVÊQUES.	DATES. *
Sergius	589 de J.-C.
Solemnius	633
Elpidius	636
Sylvestre	653
Etienne (Saint Stapin)	683
Hiscipio *ou* Hispicio	794
Roger	804
Sénior	813
Liviula	851
Eurus	860
Arnulph	875

* Dates auxquelles les évêques commencent à paraître dans les documents historiques.

NOMS DES ÉVÊQUES.	DATES.
Willerand, Gisleran *ou* Guillerand..	883 de J.-C.
Gimer (Saint), Gimera *ou* Guimera.	903
Abbon......................	932
Wisand, Guisand *ou* Gisand.......	936
Franco *ou* Francus..............	965
Eiméric....	984
Adalbert, Adarbert *ou* Albert......	1002
Foulque......................	1028
Wiffred *ou* Guiffred.............	1031
Arnald.......................	1056
Bernard de Rochefort...........	1072
Pierre d'Artald.................	1077
Pierre	1085
Guillaume de Bernard...........	1106
Raymond, (Raymond Xatbert *ou* Raymond d'Arnald?)........	1107
Arnald de Gironne...............	1113
Raymond de Sorecenis..........	1131
Pons de Tresmals...............	1142
Pons de Brugal.................	1163
Othon	1170
Berenger......................	1202
Bernard-de-Raymond de Rochefort.	1209
Guy.........................	1211
Clarin *ou* Clar.................	1226
Guillaume d'Arnald.............	1248
Guillaume de Radulph	1255
Bernard de Capendu...........	1266
Jean de Gauthier (de Montbrun?)..	1279
Bérenger..	1280
Isarn........................	1280
Pierre de la Chapelle Taillefer......	1291

NOMS DES ÉVÊQUES.	DATES.
Pierre	1298 de J.-C.
Jean de Chevry ou de Capriac	1300
Pierre de Rochefort	1301
Guillaume de Flavecour	1321
Etiènne	1323
Pierre de Rodier	1324
Pierre de Jean	1330
Gaucelin de Jean	1337
Gilbert de Jean	1346
Arnald d'Albert	1354
Geoffroi ou Godefroi de Vairols	1358
Etienne d'Albert	1361
Jean de Fabre	1362
Hugues de la Jugie	1371
Pierre de Gardés	1372
Pierre de Saint Martial	1374
Simon de Cramaud	1391
Pierre Amaury de Lordat	1409
Gérald ou Guiraud du Puy	1413
Codefoy ou Geoffroy de Pompadour	1420
Jean d'Estampes	1446
Godefroy de Basilhac	1456
Jean du Châtel	1456
Guiscard ou Guichard d'Aubusson	1476
Pierre d'Aussillon ou d'Auxillon	1497
Martin de Saint-André	1512
Charles de Bourbon de Vendôme	1546
Amédée ou Amans de Foix	1554
François de Faucon	1556
Vitelli ou Vitellotius	1567
Annibal d'Oricellay	1569
Christophe de l'Estang	1603

NOMS DES ÉVÊQUES.	DATES.
Vitalis de l'Estang...............	1621 de J.-C.
François de Servin...............	1653
Louis de Nogaret de La Valette d'E-pernon......................	1655
Louis d'Anglure de Bourlemont....	1680
Louis Joseph de Castellane Adheimar de Monteil d'Ornano de Grignan..	1684
Louis Joseph de Châteauneuf de Ro-chebonne....................	1722
Armand Bazin de Besons...........	1731
Jean Auguste Chastenet de Puységur.	1778
Franç.-Marie-Fortuné de Vintimille.	1788
Arnaud-Ferdinand de Laporte.....	1802
Joseph-Julien de St-Rome-Gualy...	1825
Henri-Marie-Gaston de Bonnechose.	1848

Deuxième Partie.

TABLEAU SUPPLÉMENTAIRE PAR ORDRE ALPHABÉTIQUE.

Benoit *ou* Benedict.
Bernard.
Bernard d'Arnald.
Galtier *ou* Gauthier de Montbrun.
Guillaume de Berenger.
Hilaire (Saint).
Jean de Péjac.
Raymond d'Arbert *ou* Xalbert.
Raymond d'Arnald.
Pierre de Montbrun.
Simplicius.

LES MONUMENTS DE CARCASSONNE.

CHAPITRE Ier

LES PLUS ANCIENS MONUMENTS DE CARCASSONNE.

I. LE PEULVAN OU MEN-HIR, LE GRAND PUITS, ETC.

¹ On trouve des traces de cette opinion dans les rapports officiels adressés au gouvernement, avant 1789, sur la Cité de Carcassonne. Voici ce qu'on lit dans un mémoire déposé dans les archives du génie militaire de Perpignan : « Les Goths apportèrent dans la Cité de Carcassonne, avec les trésors de Rome, des actes très anciens et d'une écriture particulière sur des écorces d'arbres et sur de la toile qu'on conserve avec soin dans les archives. » On a cru que la tour appelée *tour du Trésaut*, dont on a fait *Trésor*, avait été bâtie par Alarik pour y renfermer ses richesses. — Besse, Hist. des com. de Carc., 38 — Or on verra que cette tour n'a été construite que dans le courant du XIIIe siècle. — On ne trouva dans le Grand-Puits que quelques pointes de flèches et quelques médailles que nous avons déposées au Musée de

Carcassonne. En 1832, au mois de septembre, à la suite d'une longue sécheresse, on a aussi vu le fond du Grand-puits et on n'y a découvert ni trésors ni souterrains.

² Une autre tradition parle de trésors venus du temple de Delphes. Cette version est encore plus invraisemblable que la première.—Suivant Frédégaire, le bassin d'or qui Aëtius avait envoyé à Thorismon, existait en Espagne postérieurement à la mort d'Alarik II. (Fréd. Chron. cap. 73.)

³ Procope, De la Guerre des Goths, liv. ɪ, voir les pages 186 et 187 du texte grec. Ed. David Hœschelii Aug., Histor. Procop. libri.

Outre le Peulvan ou Men-hir de Malves que nous avons signalé, nous aurions pu parler des découvertes faites dans le territoire de Carcassonne de divers objets qu'on rapporte à la période celtique, tels que des pierres affilées connues sous le nom de *peïro de trou*, ou de *Picolo*, des colliers d'or ou torques-cercles, etc. (Voir les communications que nous avons faites à l'Académie des sciences, inscriptions et belles-lettres de Toulouse, dans la séance du 26 janvier 1843, et au Comité historique des arts et monuments dans sa séance du 6 décembre 1840 ; Voir le mémoire que nous avons publié dans le recueil de la Société archéologique du Midi de la France, ɪv, 143.)

9

II. LES MONUMENTS ROMAINS.

'D'après les observations que nous avons faites, la profondeur et l'étendue du lit de l'Aude, autour de la Cité de Carcassonne, était considérable, vers les premiers siècles de notre ère; il existait alors, depuis le côteau de Grasaille jusqu'au point du territoire de Carsac, appelé le Paradis, un grand espace occupé par les eaux, lequel fut désigné pendant le moyen-âge sous le nom d'Aiguesmortes.

Il y a vingt-sept ans, un puits a été creusé dans un jardin appelé *Mansus*, situé au nord de la Cité; à une profondeur de six mètres, on a trouvé plusieurs pièces de bois de chêne équarries, enfoncées verticalement dans des couches de gravier et des blocs de pierre qui formaient un mur de défense. Une pareille découverte a été faite, il y a dix ans, en creusant un puits dans le faubourg de la Barbacane, près de l'ancien couvent des Minimes. Après ces observations, qu'on se reporte par la pensée à une époque où la digue qui s'étend de l'extrémité ouest du pont de pierre, bâti sur l'Aude au moyen-âge jusqu'à la butte où se trouve aujourd'hui le cimetière St-Michel, et le pont lui-même n'existaient pas, (ces deux ouvrages d'art ne datent pas encore de cinq siècles), et on se convaincra que le lit de l'Aude devait nécessairement occuper, sous la domination romaine, l'espace que nous avons indiqué.

² On s'est demandé plusieurs fois quel était le point où la rivière d'Aude était traversée auprès de Carcassonne, par la grande voie qui venait de Toulouse. Nous pensons que la route débouchant au lieu appelé *les Justices*, suivait le haut du côteau sur lequel est aujourd'hui placé le cimetière de Saint-Michel : on arrivait ainsi, en s'avançant vers l'est, au point le plus étroit de la rivière. Des substructions antiques, trouvées en 1846 auprès du moulin du Roi, et qui sont les restes d'une chaussée ou d'un pont romain, auraient suffi pour résoudre cette question ; mais, indépendamment de ces découvertes, de puissants motifs, que nous déduirons plus bas, sont venus justifier l'opinion que nous venons d'exprimer. La voie côtoyait ensuite les fossés de l'enceinte extérieure, situés au midi de la Citadelle, et passait au nord de Montlegun, au midi du domaine de Moureau, sur le pont de Clavières, sur le pont Trincat où elle traversait le ruisseau de Bazalac, au midi de Trèbes et sur les points où sont situés aujourd'hui Barbairan, Capendu, Douzens et Saint-Couat.

Certains auteurs ont prétendu que la grande voie de Toulouse à Narbonne traversait l'espace sur lequel est bâtie la Ville-Basse de Carcassonne, et coupait la rivière d'Aude au point où est construit le pont de pierre du moyen-âge. Voici les motifs qui nous ont déterminé à adopter une opinion différente.

On peut apprécier de nos jours l'étendue du cours de l'Aude vers les premiers temps historiques de la Gaule;

Pomponius Méla en a tracé un tableau qui convient au temps présent. Ce fleuve s'élevait, dit-il, pendant les crues à une hauteur considérable, et inondait les terrains environnants. Il envahissait donc fréquemment la partie inférieure du sol sur lequel a été bâtie la Ville-Basse.

Il est invraisemblable que les Romains aient choisi le point où est aujourd'hui la Ville-Basse pour traverser une rivière aussi torrentielle; l'espace à franchir est ici deux fois plus large qu'à l'endroit que nous avons indiqué plus haut. D'ailleurs, en construisant une chaussée ou un pont, au nord de la citadelle, sur une partie baignée et proté-tégée par le fleuve, on se privait, sans nécessité, des moyens naturels de défense qu'offrait au nord la configuration du sol de Carcassonne; et cela, quand on avait du côté du midi un terrain qui présentait un plan incliné d'une grande étendue, et sur lequel la voie romaine pouvait être convenablement établie.

Nous allons passer à un autre ordre de preuves.

D'anciens titres mentionnent un *chemin de Toulouse*, situé au midi du domaine de Makao, entre la route nationale actuelle et les bords de l'Aude. Ainsi un acte du 12 mars 1761, contenant un bail *de vacant*, fait par le lieutenant de Bésaucelle, au nom de la communauté de Carcassonne, donne pour confront à une pièce de terre, située au haut du lieu désigné aujourd'hui sous le nom de *Pâte-d'Oie*, un chemin détruit appelé *ancien chemin de Toulouse*. Il ne faut pas s'arrêter à la dénomination de *vieux chemin de Toulouse* donné par Bouges (Hist. de

Carcassonne, page 182), à une route qui était située au
dessus de la maison *Cailhau*, parce qu'il est question
non de l'antique voie romaine, mais du chemin qui fut
établi, vers le XIVe siècle, pour aller en droite ligne
des *Justices* à la Ville-Basse. Ce tronçon de route fut appelé *vieux chemin* à l'époque où la route nationale actuelle fut tracée, c'est-à-dire au temps où le P. Bouges
écrivait.

Des constructions romaines ont été trouvées en creusant les fondements de la caserne en 1720. Les édifices
placés sur ce point étaient auprès de la voie romaine :
nous n'avons jamais appris que de semblables découvertes aient été faites dans l'intérieur de la ville basse. Les
fragments de pavé que nous avons remarqués dans l'*Es-
tagnol* ont sans doute servi à aboutir à quelque maison
de campagne située au bord de l'étang qui existait alors
en ce lieu. Nous savons d'un autre côté qu'au midi de la
Cité on a trouvé un grand nombre d'objets romains, tels
que des médailles, des amphores, des tombeaux, etc.

Quand on quitte la voie romaine qui traversait Bram,
la direction naturelle n'est-elle pas le midi de la Cité de
Carcassonne? Pour la faire passer au point où est le pont
du moyen-âge, il faut décrire une courbe qui nous paraît forcée; lorsqu'on se place au haut de la butte où est
aujourd'hui le cimetière de Saint-Michel, on remarque
que la Tour du moulin du Roi où était le pont de bois du
moyen-âge, et l'entrée de la Cité, dite porte d'Aude,
sont juste dans une direction qui vient se raccorder avec

la voie romaine. Un tronçon de cette voie existait encore
sur les bords de l'Aude lorsque, en 1648, Pierre Algan
obtint la faculté de rétablir le moulin du Roi, abandonné
depuis deux siècles, et fut autorisé à attacher « une di-
» gue en travers de la rivière au chemin qui vient de la
» ville-basse et d'y établir une barque pour passer les
» farines. » (Archives de la Mairie de Carcassonne.) Le
trajet le plus court de l'une à l'autre rive était en face de
la porte d'Aude. Arrivé au pied du glacis des remparts,
on suivait à droite une côte établie sur les flancs de la
Cité : en gravissant le plan incliné on regagnait la voie
romaine au sud de la forteresse.

[3] De tous les géographes de l'antiquité, Pomponius
Méla est le seul dont les indications soient assez explici-
tes pour se faire une idée du cours de l'Aude vers les
premiers temps historiques. Après avoir dit le lieu où ce
fleuve prenait sa source, et quelle était la nature de son
cours, cet auteur ajoute que ses eaux s'élevaient fréquemment à une hauteur prodigieuse aux approches de
l'hiver. Depuis le temps où vivait Pomponius Méla, la
saison de l'année pendant laquelle les inondations ont
lieu a toujours été la même. Ce fait tendrait à prouver,
ou que le déboisement des montagnes n'a exercé aucune
influence sensible sur le cours de l'Aude, ou que sous
les Romains les bords de ce fleuve n'étaient pas ombra-
gés de forêts. La solution de ce problème est du ressort

des naturalistes ou des agronomes. *Atax ex Pyrenæo monte degressus, quâ sui fontis, aquis venit, exiguus vadusque est, et jam ingentis alioquin alvei tenens, nisi ubi Narbonem attingit, nusquam navigabilis; sed cùm hibernis intumuit imbribus, usquè eò solitus insurgere, ut se ipse non capiat.* — *Pomp. Mel. de situ orbis, lib.* 2, § 5. L'Aude qui descend des Pyrénées est faible et guéable tant qu'il ne roule que les eaux de sa source, de sorte que, malgré la grandeur de son lit, il ne devient navigable qu'aux environs de Narbonne ; mais, lorsqu'en hiver il est gonflé par les pluies, il grossit d'ordinaire à tel point que son lit ne peut plus le contenir.

Strabon s'est borné à mentionner la rivière d'Aude. Ce géographe la fait descendre des Cevennes, et non des Pyrénées où elle prend sa source. Il y a lieu de croire, dit Astruc, que cette erreur ne doit pas être imputée à Strabon, et que c'est par la faute des copistes que le mot Ἄταξ s'est glissé dans ce passage. Le texte primitif n'a dû renfermer que l'Orb et l'Hérault, puisqu'il y est dit que Béziers est bâti sur l'un, et Agde sur l'autre (Mémoires pour l'histoire de Lang. 21).

Voici les divers noms sous lesquels ce fleuve a été désigné par les anciens géographes : Ἄταξ par Strabon, *Atax* par Pline et Vibius Sequester, Ἄταγος par Ptolomée, *Attagus* par Ruffus Avienus, Αἰακός par Etienne de Bysance, *Edas* par l'Anonyme de Ravenne. Comme l'on a voulu tout expliquer, on a prétendu que *Atax* ou A*tach* dérivait de la langue celtique, et était formé des

mots *a ta aches* ou *achs*, la bonne eau, parce que, dit-
on, l'eau de cette rivière est si bonne qu'on la préfère
à celle des fontaines ; d'autres ont cherché son étimolo-
gie dans le mot celte *Adar*, qui veut dire oiseau ; cette
dénomination tirerait son origine de la vitesse du cours
de l'Aude. On sait le peu de cas que nous faisons de ces
prétendues étymologies.

4 Fragments de l'itinéraire de Bordeaux à Jérusalem,
concernant le territoire de Carcassonne.

Civitas........	Tolosa.	
Mutatio.......	Ad nonum......	mille VIIII
Mutatio.......	Ad vicesimum...	XI
Mansio.......	Elusione........	VIIII
Mutatio.......	Sostomago.......	VIIII
Vicus........	Ebromago.......	X
Mutatio.......	Cœdros.........	VI
Castellum.....	Carcassone.......	VIII
Mutatio.......	Tricensimum.....	VIII
Mutatio.......	Hosuerbas.......	XV
Civitas........	Narbone........	XV
Civitas......:.	Biterris.........	XVI

Fragments de la table Théodosienne (Tabula Augus-
tana, ou table de Peuttinger), segment premier.

Tolosa.		
Badera..................	XV	mill.
Fines...................	XVIII	

Eburomagi......................	mill.
Carcassione.....................	XlV
Liviana........................	XII
Usuerva........................	XI
Narbone........................	XVI
Beterris........................	XXI

Itinerarium à Burdigalà, Hierosolymam usque.—Tabula Peuttingeriana cum notis, Mar. Val., tom. II, 55 Theatr., geog. veteris, edente P. Bertio.

⁵ Nous complétons ici les indications que nous avons données trop brièvement dans l'Histoire du comté et de la vicomté de Carcassonne, tom. I, 25. Ce chemin, appelé dans les anciens livres terriers De l'Estrade ou De Castelnaudary, passait à Huniac, au nord de Villegailhenc, à Villegly, au nord de Laure, au midi de Peyriac et de Rieux-Minervois. Auprès et au nord de Villegailhenc, on voit encore le lieu dit la Pomme ou la Paume, situé au point de jonction des deux routes de Carcassonne et Castelnaudary. C'était là que se trouvait l'*host* ou hôtel de Peyre, qui est connu pour avoir fait des legs considérables à l'église de Villegailhenc; il s'était enrichi dans l'hôtellerie de la Pomme. La route de l'Estrade était très fréquentée au moyen-âge, car nous avons remarqué que plusieurs fois dans le cours du XIIIᵉ siècle, et notamment en 1236, le comte de Toulouse de retour d'Avignon, et rentrant dans ses états, traversa Pennautier sans passer à Carcassonne.

CHAPITRE II.

LES MONUMENTS DE LA CITÉ.

1. LA CITÉ PENDANT LA MOITIÉ DU MOYEN-AGE.

¹ Voir sur la Cité et ses dépendances en général, Archives du royaume, registrum curiæ Franciæ, ii, ch. de 1247-1260. — Bibiothèque nationale, collection de Doat, vol., mss. CLXV, page 276; vol. CLXVI, p. 64; vol. LXV, p. 5: Registr. de St. Louis, p. 106, mss. de Colbert, 9653, S. A. — Rapport officiel du sénéchal Guillaume des Ormes à la Reine de France, sur le siége de Carcassonne de 1240, publié par M. Doüet-d'Arq, dans la Bibliothèque de l'Ecole des chartes, ii, 371. — Plan-dessin ms. de la Cité et du Bourg-neuf de Carcassonne, daté du 28 mai 1447, déposé à la bibliothèque nationale, Estampes fond. de Gaignères, n° 7402, f° 40.

² Charte de l'année 1161, Hist. Gén. Languedoc, aux preuves.

³ ... ipsam turrem quam vocamus monetariam cum ipso manso et cum ipsa staga... Ch. de 1126, Doat, CLXVI, 89.

(C'est par erreur que, au lieu de continuer le numérotage des notes dans l'ordre naturel, les chiffres 2 et 3 ont été répétés dans la page 36.)

² L'église St-Michel était placée près de l'éminence qui
est au sud-est de la Cité de Carcassonne; le cimetière
actuel de la paroisse de St-Nazaire est désigné, dans les
anciens livres terriers, sous le nom de cimetière de
St-Michel. — Archives de la Mairie de Carcassonne. —
Avant 1789, ce cimetière était celui de la paroisse St-
Sernin. — Vinea in terminio sancti Vincentii, affrontat
ipsa vinea de circio in honore Sanctæ Mariæ, de aqui-
lone in vinea... Ch. de 1152, Doat, lxv, 49. — Ter-
ram S. Nazarii in terminio S. Michaelis ad laborandum
de altaro affrontatur ipsa terra in terrâ beatæ Mariæ...
de circio in terra S. Vincentii, Doat lxv, 24. — Ch. de
1253, rapporté par Bouges, hist. de Carcass. — Ch.
rapp. par D. Vaissète, hist. Lang., iv, 350-434.

³ Les Trivalles comprenaient toutes les maisons bâties
entre la seconde et la troisième enceinte, ou ligne de
circonvallation, *Vallum*. C'est d'une telle situation qu'est
venu le nom de *Trivalles*, plutôt que des *Tribaliens*,
peuple dont parle Roudil de Bériac dans son mémoire
sur les Tectosages. — Mém. ms. de Roudil de Bériac,
déposé dans les arch. de l'acad. de Toulouse, et dont
nous avons une copie figurative. Roudil de Bériac
est originaire de Carcassonne. — Le carrefour de St-
Jean et de Conatior sont mentionnés dans une Charte de
l'année 1253, rapportée par Bouges, Hist. de Carcass.
Mais nous croyons que le mot de Conatior a été mal lu,
non-seulement par le copiste de cette charte, mais en-

core par le copiste d'un cartulaire cité déjà , déposé à
la biblioth. nationale, mss. de Colbert 9653 . R. A. —
Le Monastère et l'église de Notre-Dame de St-Sauveur
étaient placés sur le lieu même où fut fondé au XVIᵉ siècle le couvent des Capucins, et où est aujourd'hui la
Maison de la Providence. — Guarpitores sumus Deo et
Sancto Salvatori , Sanctæque Dei Genitricis Mariæ in
cujus honore et nomine basilica ante muros Carcassonæ fundata manet. Ch. de 1085, Doat LXV, 32. — Ce
Monastère était fort riche pendant le VIIIᵉ siècle, puisque les Arabes y prirent des objets d'un grand prix. —
Histoire du Comté et de la Vicomté de Carcassonne ,
t. I., p. 87.

⁴ L'église Saint-Etienne était située sur la butte qui
est au nord-est de la Cité de Carcassonne, elle est désignée, dans les anciens titres , sous le nom de *Podium
Sancti Stephani.* On y voit aujourd'hui une croix qui
porte le nom de Saint Etienne.

En 1838 on a trouvé, dans le champ voisin de la croix,
des sarcophages de grès placés sur le roc, quelques pièces de monnaie connues sous le nom de sols melgoriens,
et une chevalière en cuivre. En 1840 on y a découvert
une base de colonne en marbre blanc et une espèce de
bracelet : nous avons fait déposer tous ces objets dans
les collections du musée de Carcassonne.

L'église St.-Etienne existait sous l'épiscopat de Pierre
d'Auxillon. Nous savons même que, le 4 avril 1501, il se

rendit processionnellement en ce lieu pour y faire, comme ses prédécesseurs, la bénédiction des rameaux. Quel·
ques chapelles étaient encore debout en 1679, mais il
paraît qu'elles tombèrent bientôt en ruines, puisque, le
6 juillet 1701, le chapitre de Saint-Nazaire en céda les
matériaux aux capucins, qui les employèrent à construire
une partie de leur enclos. (Chronic. Episcoporum, 239.
— Ms. du couvent des capucins, possédé par l'auteur.—
Registres des délibérations du chapitre. — Nécrologe,
déposé aux archives du chapitre de Carcassonne.)

A deux cents mètres environ de l'église Saint-Etienne,
du côté de l'est, s'étend le champ de la *Ladrerie*, ou de
la *Malautié*, situé sur la rive gauche d'un ruisseau qui a
conservé ces deux noms. C'est là que fut fondé, pendant
le XIIIe siècle, un hôpital dirigé par les chevaliers de
l'ordre de Saint-Jean-de-Jérusalem, et dont la chapelle
avait été placée sous l'invocation de sainte Magdelaine.
On voyait quelques restes de cet établissement avant la
révolution de 1789 ; le chapitre de Saint-Nazaire y allait annuellement en procession.

On sait que les chevaliers de St-Jean de Jérusalem
avaient la directe sur toutes les maisons de la rue St-
Jean de la Ville-Basse.

[5] In burgo S. Vincentii à viâ à quâ itur à portâ To-
losana usque ad flumen Atacis, et ab ipso flumine usque
ad furnum B. Mariæ, et usque ad portalem S. Stephani, et ab ipso portali usque ad furnum Bernardi de Ca-

neto, qui fuit, et usque in muros civitatis, nullo modo intra istos terminos furnus ædificatur, neque recipiatur. Ch. de 1170, Doat, LXV, 53 - CLXVI, 91, ch. de 1126. — Archives de l'évêché de Carcassonne, registre dit de l'Ave-Maria, p. 42. — La fontaine de Trutot, Trutte ou Tricot était dans l'intérieur des faubourgs; celle de Fonte-Stova était à l'extérieur. — Il existe encore un chemin qui de la Cité de Carcassonne se dirige vers Montlegun, et qui porte le nom de chemin *Saligné*. Le salin du Vicomte était situé sur les bords de cette voie. — Et est ipsa terra juxtà muros Carcassonnæ ante portam Redensem, in terminio de Fonte-Stova. Ch. de 1004, Doat, LXV, 7.

[6] Et inde sicut includit via fontis de Tricot, et descendit recum de Sellano, usque ad fontem Caroli-Magni, et usque ad hortum canonicorum, et usque ad flumen Atacis. Bib. nat., mss. Colbert, n° 9653. S. A. — Le ruisseau dont il est question porte aujourd'hui le nom d'*Agullano*. Ce nom peut bien remonter au moyen-âge : il dérive en effet de *Aquula*, rigole d'arrosage. Dans l'idiôme Catalan *Agulla* ou *Agulha* signifie ruisseau. Il existe en Catalogne un village appelé encore *Agullana*, à cause de sa situation; or, pendant la première moitié du moyen-âge, les populations des comtés de Carcassonne et de Barcelonne ont parlé la même langue. Faudrait-il dire du mot de *Scillano* ce que nous avons dit du mot de *Conatior?* Ou bien y aurait-il eu confu-

sion? car le ruisseau qui va de Cazilhac à la rivière d'Aude porte un nom analogue à celui de *Seillano* ; ou bien encore doit-on supposer que le ruisseau dont nous parlons portait les deux noms en même temps? Dans tous les cas, nous pensons que c'est du ruisseau d'*Agullano* qu'on a voulu parler dans le Registre de Saint-Louis, et que son nom actuel remonte au XIIIe siècle. — Le Pech judaïc et le cimetière des Juifs étaient situés au sud-est de la Cité, sur les bords du ruisseau d'Agullano. (Histoire du Comté et de la Vicomté de Carcassonne, I, 73.)

II. LA CITÉ DEPUIS LE MOYEN-AGE JUSQU'A NOS JOURS.

¹ *Voici le nom des tours de la Cité de Carcassonne.*
ENCEINTE INTÉRIEURE.

1o *Côté du Nord*, en allant de la Porte-de-l'Est vers le château Comtal :

Tour du Treshaut, du Tresaut, de Tressan, du Trésor ou de la Cendrino.

— du Moulin du Connétable.

— du Vieulas ou Vieusac.

— de Marquière ou de Marquié.

— de Samson.

— du Moulin d'Avar.

— de la Charpenterie ou de la Charpentière.

2o *Côté du Midi*, en allant de la Porte-de-l'Est vers le château Comtal :

Tour du Sacraire de St. Sernin.

— de Trauquet.

Tour de St. Laurent.

— de Davejan ou de Dabéja.

— de Balthazar.

— du Plo.

— de Castera.

— des Prisons.

— de St.-Martin.

— de St.-Nazaire.

— du Moulin du Midi.

— de Mi-Padre, de Charlemagne ou de Durban.

— de Cahuzac.

— carrée de l'Evéché ou de l'Evéque.

— ronde de l'Evéché ou de l'Evéque.

— du Four de St. Nazaire.

— de l'Inquisition.

ENCEINTE EXTÉRIEURE.

1° *Côté du Nord*, correspondant au *côté du Nord* de l'enceinte intérieure :

Après la demi-lune,

Tour de Bérard ou Barrar.

— de Bénazet.

— de Notre-Dame, de Rigail ou de Rigual.

— de Moretis ou Mouretis.

— de la Glacière.

— de la Porte rouge.

Gachial ou l'échauguette.

2º *Côté du Midi*, correspondant au *côté du Midi* de l'enceinte intérieure :

Tour de la Peyre ou de Lapeyre.
— de la Vade ou du Papegay.
— de la Pouloto ou Pauleto.
— Cautière ou Cautier.
— Crémade.
— d'Ourliac.
— du Vent, du Grand Brulas, Tourlas, ou Bourlas.
— Du grand Canissou, Canitou ou Canillou.
— de l'Evêché ou de l'Évêque, (déjà mentionnée, elle relie les deux enceintes).
— du petit Canissou, Canitou, Canillou.

En faisant le tour du château Comtal on rencontre :
La Tour des Casernes, à l'est.
— du Major, à l'angle nord-est.
— du Degré, au nord.
— de la Poudre, à l'ouest.
— Pinto, au sud-ouest.
— de St.-Paul, à l'angle du sud-est.

Ces noms sont en général d'origine récente, et parmi ceux qui sont anciens, la plupart ont été défigurés. Nous avons comparé plusieurs documents et divers plans pour donner la nomenclature qui précède. — Bib. du Louvre, mémoires mss. de Mareschal. — Ministère de la guerre, Dépôt des archives des fortifications, carton

156, plans de 1683-1741-1746-1753-1759-1778-1782-1785.

² Ch. des années 1125, 1126, 1127, collection de Doat T. CLXVI, pag. 61, 65, 68, 76, 85, 89, 91. — Ce fut le vicomte Bernard Aton qui institua cette garde perpétuelle.

³ Castellum quod vocatur Narbonez... Ch. de l'année 1012, D. Vaissète, Hist. de Lang., aux preuves.

⁴ Les tours n'ont pas subi le sort des courtines : on remarque encore au haut de quelques tours les trous et les corbeaux destinés à recevoir les hourds avant la construction des mâchicoulis.

⁵ Mémoires sur le Languedoc, pag. 317.

⁶ La loi du 8-10 juillet 1791 met Carcassonne au nombre des places de guerre de 3ᵉ classe. — «Saint-Cloud, 26 brumaire an XIII. — Napoléon, empereur...... décrète : article 1ᵉʳ Les places de guerre ou postes militaires ci-après désignés sont et demeurent supprimés, savoir..... Carcassonne. — Art. 2 Les fortifications et les terrains militaires.... sont remis au ministre des finances pour être aliénés, conformément aux lois sur la vente des biens nationaux, à l'exception cependant des-

murs d'enceinte dont la conservation serait réclamée par les villes pour la perception de leurs octrois.,..»

Par une décision du 22 ventôse an XIII, le maréchal Berthier, ministre de la guerre, « réserve, pour les be- » soins de la garnison que la ville pourrait avoir habi- » tuellement, » le Château et le corps-de-garde dont nous avons parlé, et quelques édifices de la Ville-Basse.

[7] L'ordonnance du 1er août 1821 est relative à l'exécution de la loi du 17-25 juillet 1819 sur les servitudes militaires.

Le 10 septembre 1827, l'administration militaire acheta à M. Boyer une surface de 2 arpens 44 perches; elle fit un second achat, le 31 janvier 1828, à M. Douet. On peut voir les actes dans les minutes de M. Aribaut, notaire.

[8] On lit dans le Bulletin du comité historique des arts et monuments (séance du 11 mai 1842) : «M. Cros-May- » revieille, correspondant pour les travaux historiques » à Carcassonne, réclame la conservation des fortifica- » tions anciennes de Carcassonne. — Le Comité prie » M. le Ministre de l'instruction publique de renvoyer à » M. le Ministre de la guerre les renseignements de M. » Cros-Mayrevieille sur les murs de Carcassonne. Ces » fortifications intéressent au plus haut degré diverses' » époques de notre archéologie militaire.»

On lit dans le procès-verbal de la séance du 11 janvier 1843 : « M. le Ministre de la guerre, président du
» conseil, annonce qu'il a appelé l'attention particulière
» du directeur des fortifications sur les dégradations de
» la citadelle de Carcassonne; il lui a recommandé de
» veiller à ce que l'on comprenne, dans les projets qu'on
» prépare pour 1843, les réparations utiles qui pour-
» ront assurer la conservation de ces anciennes construc-
» tions historiques. »

9 Ce décret a été rendu d'après l'avis du Comité des
fortifications, en date du 12 mars 1850, et sur le motif
que, « dans l'intérêt de la propriété, il y a lieu de ne
» pas laisser classées plusieurs places ou postes actuels
» dont la conservation n'importe pas essentiellement à
» la défense du territoire. » Or, une décision ministérielle du mois d'avril 1849 avait exceptionnellement exo-
néré des servitudes militaires tout le pourtour bâti de
la Cité de Carcassonne.

10 Telle est l'opinion que nous avons exprimée dans le
sein de la Société des arts et des sciences de Carcassonne,
et que nous avons eu la satisfaction de voir adopter.
Nous espérons que, suivant le vœu émis par cette compagnie, le décret du 8 juillet, en ce qui concerne la Cité
de Carcassonne, sera rapporté ou du moins profondément
modifié. —— « Extrait du Registre des délibérations de la

Société des arts et des sciences de Carcassonne, séance
du 28 juillet 1850. — Présents, MM. E. Dugué , préfet
de l'Aude, président..... Denisse, secrétaire..... Il est
donné connaissance à la Société, par le secrétaire, du
motif de cette réunion extraordinaire. Un décret du 8
de ce mois a rayé la Cité du nombre des places fortes ;
dès-lors, ses remparts et ses tours, considérés comme
inutiles , seront livrés au domaine, qui les vendra , et la
ville de Carcassonne perdra un monument d'architecture militaire, unique en France, qu'elle avait conservé
jusqu'ici avec orgueil. Il s'agit d'aviser aux moyens de
prévenir cette destruction. — La discussion s'engage sur
ce sujet..... Plusieurs membres prennent ensuite la pa-
role et présentent diverses observations. Toute la Société
paraît unanime sur l'importance et sur l'urgence de la
question ; on n'est divisé que sur la solution à lui donner;
mais la majorité semble émettre le vœu de voir la conservation de la Cité dans les attributions du Ministre de
l'intérieur. — M. Cros-Mayrevieille , inspecteur des monuments historiques, exprime alors ses craintes que le
Comité ne puisse point se charger de cette conservation,
ne s'agissant pas d'un monument proprement dit, mais
en quelque sorte d'une ville entière. Il préférerait que
les démarches de la Société eussent pour but de faire attribuer à la ville de Carcassonne la propriété des fortifications de la Cité ; sous l'offre que ferait la ville de con-
server elle-même, si on lui abandonnait les produits des
glacis, des fossés et des tours. Mais le meilleur moyen,

ajoute-t-il, serait celui de faire rester la Cité dans les
attributions du Ministre de la guerre, comme un véritable appendice du musée d'artillerie. Le Ministre de la
guerre, seul, peut maintenir la prohibition indiquée
par la zone, aujourd'hui fort restreinte, tracée autour
de la Cité, et empêcher ainsi que ces antiques fortifications soient obstruées et masquées par les constructions
de tout genre qui bientôt les feraient disparaître. —
Après délibération, cette opinion est adoptée et la Société
décide, à l'unanimité, qu'il sera fait auprès de M. le
Ministre de la guerre et de MM. les Représentants de
l'Aude, les démarches propres à obtenir le maintien de
la prohibition de bâtir dans la zone, et à replacer ainsi,
par une disposition tout exceptionnelle, la Cité de Carcassonne sous la tutelle du Ministère de la guerre. — La
Société invite en outre M. le maire de Carcassonne,
présent à la séance, à provoquer de la part du Conseil
municipal une délibération sur cet objet.... »

III. L'ENCEINTE MILITAIRE INTÉRIEURE — LES TOURS DES WISIGOTHS.

On a prétendu que ces tours avaient été construites
par les Romains. Nous exprimons une opinion différente, et nous allons en exposer les motifs.

Les bas-reliefs de Ninive et la table Iliaque font voir
que les Assyriens et les Grecs avaient des tours très élevées; mais, jusqu'aux temps de la décadence, les Ro-

mains n'ont construit que des fortifications très basses.
Ils n'ont dérogé à cette règle que quand il s'agissait de
tours isolées, destinées à l'observation en dehors des places fortes. Le principal monument romain, antérieur
au IIIᵉ siècle, dont la date soit bien connue, est le *Cas-
trum prætorium* de Rome, situé près la porte S. Lo-
renzo, lequel a été compris dans l'enceinte actuelle par
Aurélien. Les murs sont d'une très faible hauteur, néanmoins on y voit la trace des anciens créneaux. Si l'on
passe à des temps postérieurs, on remarque que les
tours construites par Aurélien sont encore carrées, et
que les formes rondes, les tours semi-circulaires et les
baies cintrées ne se présentent qu'un siècle après.

Nous avons été frappé de la ressemblance qui existe
entre certaines parties de l'enceinte de Rome et les tours
de l'enceinte intérieure de la Cité de Carcassonne, situées au nord. Ainsi la porte Latina présente deux tours
de forme ronde dont le genre de structure, et notamment
les baies, sont de tout point semblables à celles des
tours du nord. D'autres parties de la fortification de
Rome, situées entre la porte Maggiore et la porte Pia,
présentent les mêmes caractères. Nous avons acquis la
certitude que ces constructions datent du règne d'Honorius. Les Wisigoths ont toujours cherché à imiter les
Romains, et ils s'empressèrent d'élever à Carcassonne,
leur principal boulevard dans la Gaule, *Gaza Gotho-
rum*, des tours semblables à celles que cet empereur ve-

nait de construire à Rome la veille de leur invasion en Italie.

Ce n'est pas à Ravenne que l'on peut aller chercher des analogues, puisque les constructions que les Ostrogoths ont élevées dans cette ville sont du temps de leur roi Théodorik, c'est-à-dire postérieures à celles de Carcassonne. Quant aux ouvrages d'art militaire qu'Honorius à exécutés à Ravenne, nous aimons mieux étudier les œuvres de cet empereur à Rome où des atterrissements n'en ont défiguré ni les proportions ni les formes, que dans les terrains marécageux qu'offrent les rivages du Ronco et du Montone.

La comparaison que nous faisons avec les murs de Rome est d'autant plus concluante, que les événements politiques qui s'accomplirent à Carcassonne pendant le Ve siècle font supposer que de grands travaux de défense y furent exécutés par les premiers rois Wisigoths ; de telle sorte que, même sans le secours de l'archéologie, l'histoire à elle seule autoriserait à conclure que des ouvrages militaires ont dû être alors élevés à Carcassonne.

Nous sommes heureux de saisir cette occasion pour remercier publiquement les savants de l'Italie, qui ont eu l'extrême obligeance de nous aider de leurs recherches personnelles dans le but d'éclaircir les questions obscures d'archéologie que présentaient certains monuments militaires. Nous mentionnerons ici le commandeur Visconti, conservateur des antiquités pontificales ; le P. Hyacinthe de Ferrari, de l'ordre des frères prêcheurs, auteur de la vie d'Albert-le-Grand ; le professeur Orioli, correspondant de l'Institut de France à Rome ; l'historien Cantù à Milan ; l'abbé Molsa, directeur de la bibliothèque du Vatican ; le chevalier Ricotti, membre de la chambre des représentants et de la commission supérieure d'histoire nationale à Turin ; l'antiquaire Canale, auquel on doit une belle histoire de Gênes.

[2] Altareque majus Ecclesiæ Sancti Saturnini est fundatum et constructum in quâdan turri dictorum murorum in quâ Sanctus Saturninus, ideo quia Christi fidem prædicabat per paganos et infideles, fuit per certum tempus incarceratus et detentus.... (Ch. de 1441.)

[3] Ecclesia vocata Sancti Saturnini contigua cum muris seu *muris altis* ipsius civitatis... (Ch. de l'an. 1441).

[4] Item inceperunt minare in quamdam alteram tornellam de Liceis, et nos contraminavimus, ita quod foramen quod fecerant eis abstulimus. Postea inceperunt minare inter nos et quemdam murum, et diruerunt nobis duos cranellos de Liceis ; sed nos fecimus statim duos palicios et forte......... Et nos, cùm istud percepimus, fecimus statim bonum palicium et forte inter nos et ipsos, superius in Liceis et contraminavimus. — Rapport du sénéchal Guillaume-des-Ormes à la Reine de France sur le siége de 1240.

On voit que le nom de Lices était déjà connu à cette époque, mais qu'il s'appliquait à une plus grande partie du circuit de la Cité qu'on ne l'applique aujourd'hui. Ce nom servait-il à désigner le lieu où se faisaient les tournois et les exercices militaires, ou bien est-ce une expression qui tire son origine du lieu où l'on *étendait* les draps, lieu que l'on a appelé *tenda* dans la Ville-Basse, et qui figure sur le plan de l'année 1467.

Dans le premier cas le mot de Lices tirerait son étymologie de *palitium* (clôture en bois), d'où on a fait *liciæ* employé dans la basse latinité ; dans le second cas ce serait de *licium* (trame, drap, lisière, lisse). La fabrication des draps est assez ancienne à Carcassonne pour que la dernière étymologie soit aussi admissible que la première. (Voir l'Histoire du comté et de la vicomté de Carcassonne, 1, pag. 72, 152, 237.)

Quant au nom de *Canissous*, ne pourrait-on pas y voir un diminutif du mot de Barbacane? Nous savons en effet que, au moyen-âge, il existait plusieurs barbacanes autour de la Cité : celle de la Ville, celle du Château (barbacana civitatis, barbacana castri). Il y avait en outre celle de la porte du Razès, de la porte narbonnaise, d'autres enfin plus petites qui aboutissaient à la rivière d'Aude à l'ouest et au sud du palais Episcopal (domus Episcopi). Ainsi, depuis peu d'années on a découvert un souterrain qui traversait le glacis de la Cité, au pied de la tour du Grand Burlas, et allait joindre la rivière au point où, dans ce moment, la route de St-Hilaire, pratiquée sur un terrain de formation récente, touche au sentier et au ruisseau qui descendent des hauteurs de l'ancien faubourg Saint-Michel. Ce sentier était la continuation du chemin de La Grasse après qu'il avait traversé le faubourg. — Ch. de 1110, Hist. Languedoc, aux preuves. — Plans anciens de Saint-Nazaire déposés aux archives de la Mairie de Carcassonne.

On remarquera aisément dans les tours des Wisigoths les réparations faites postérieurement à la construction primitive, soit en sous-œuvre, soit en remplacement des parties les plus élevées. Ainsi, l'une des tours qui dominent la Trivalle-Basse est surmontée d'un pan de mur percé d'une petite fenêtre géminée et à plein cintre, qui nous paraît plus ancienne que les fenêtres du Château. Nous ferons remarquer un exhaussement analogue à la tour des Arabes.

IV. LE CHATEAU COMTAL — LA TOUR DES ARABES.

Au moment de leur première invasion en Europe, les Sarrazins furent frappés du spectacle que présentait l'Espagne. Les Wisigoths n'ayant pas fait des travaux d'art importants dans ce pays, le système de fortifications des Arabes ne fut qu'une imitation de celui des Romains. Ceux-ci n'avaient construit dans le pays que des tours carrées, comme on peut le voir encore à Carmona (Andalousie). César place cette cité au nombre des meilleu-

res citadelles de l'Espagne. On peut encore y voir très
distinctement l'appareil et le plein cintre romains à côté
de l'*argamasa* (sorte de béton arabe) et de l'ogive mau-
resque. L'innovation la plus importante que les Sarrazins ont faite consiste, en une sorte de mâchicoulis ouvert au-dessus des portes, et placé en saillie au-dessus du
plan du mur extérieur, lequel porte le nom de *Matacane*.

L'un des caractères les plus saillants des travaux militaires exécutés par les Arabes en Espagne est la forme
rectangulaire. Le Castillo et les remparts d'Alméria, le
Guibralfaro de Malaga, l'immense enceinte de Séville, à
l'exception de la tour de Don Fradrique et de celles qui
bordent le Guadalquivir, le château fort d'Alcala-de-
Guadaira, les fortifications de Jaen, les portes de Tolède, sont encore debout pour attester la permanence
des formes carrées et rectangulaires. Le fort de l'Alham-
bra à Grenade ne présente pas d'exemple de déroga-
tion à cette règle. Dans cette ville aux nombreuses colli-
nes, qui nous semble être la Rome des Arabes, ce n'est
qu'à l'Albuecin que l'on rencontre quelques tours semi-
circulaires. Mais là nous sommes déjà en plein moyen-
âge, et à une époque où les formes rondes étaient généralement adoptées.

Nous pourrions parler ici de la distance des tours entre elles, de la forme des baies, de celle des meurtrières, etc.; mais comme nous ne parlons des fortifications
arabes qu'incidemment, et afin de préciser la date de la

construction d'une tour isolée, des observations plus détaillées seraient superflues.

La tour la plus élevée du château comtal de Carcassonne est connue sous le nom de *Pinto* ou du *Paon :* la tradition raconte qu'elle s'est inclinée devant Charlemagne pendant le siége fabuleux de la ville par cet empereur. Elle n'offre ni les caractères d'une construction romaine, ni ceux d'une construction wisigothe, et cependant elle est antérieure à l'époque romane, puisque la partie la plus élevée présente une fenêtre qui a les caractères de l'architecture du XI siècle. A partir de un mètre au-dessous de la baie géminée, ce monument est construit avec un appareil et un ciment qui n'ont pas d'analogues dans la cité de Carcassonne. S'il est peu probable que les Arabes aient élevé une citadelle sur les bords de l'Aude, alors surtout qu'ils y trouvèrent les ouvrages d'art qui venaient d'y être exécutés par les premiers rois Wisigoths, il est naturel de supposer qu'ils y ont construit une tour d'observation, *atalaya.* Or nous ne reconnaissons le caractère arabe qu'à la tour rectangulaire du Château. Il n'est pas cependant invraisemblable qu'il y ait eu à la Cité d'autres constructions sarrazines. Le rapport du sénéchal Guillaume des Ormes parle d'un mur arabe : *Item minaverunt ad cornu civitatis, versus domum Episcopi, et valde a remoto minando, venerunt subtus quemdam murum sarracenum ad murum de Liceis.* On a souvent pris, au moyen-âge, les constructions romaines pour des constructions arabes; mais dans cette circonstance c'est peut-être d'un mur construit par les sarrazins qu'il s'agit. Il ne faut pas oublier que Carcassonne et Narbonne sont les deux seules villes de la Gaule où les Arabes se soient établis à demeure, et aient séjourné sans interruption pendant près d'un demi-siècle. Nous savons même que dans les situations critiques la Cité de Carcassonne devenait un lieu de retraite ; c'est ce que fit l'émir Okba-ben-Hedjadj lorsque les habitans de l'Espagne se révoltèrent contre lui (741 de J.-C., Makkary, manusc. déposé à la Bibl. nationale, n° 704, folio 63). Il ne serait donc pas invraisemblable que, outre la tour du Château, ils n'eussent élevé quelques murs pour fortifier tel ou tel autre point de l'enceinte, et que ces ouvrages fussent détruits. Dans ce cas le mur signalé par le sénéchal Guillaume des Ormes, pourrait être réellement sarrazin.

On est d'autant plus porté à attribuer la tour du Paon aux Arabes, que sa base, non-seulement n'est ni romaine ni wisigothe, mais qu'elle n'est liée à aucun mur voisin, et qu'elle a précédé la construction du Château lui-même. On y distingue aisément un sous-œuvre récent, et une porte avec corbeaux arrondis qui n'est pas antérieure au XIIIe siècle. A part ces reconstructions, l'ensemble du monument, et surtout les parties intérieures qui n'ont pas subi de modification offrent une analogie frappante avec les premiers ouvrages exécutés par les Arabes en Espagne.

Nous n'ignorons pas que dans le midi de la France et

le nord de l'Espagne, on a l'habitude d'attribuer aux Arabes tous les monuments dont l'origine ou la destination présentent quelque obscurité. Nous avons déjà eu l'occasion de parler des constructions militaires du Roussillon et du comté de Foix (Mémoire de l'académie nationale de Toulouse, tom. vi, pag. 14). Nous ajouterons ici quelques observations qui sont applicables au sujet que nous traitons.

Pendant qu'au VIIIe siècle les Arabes possédaient Carcassonne et Narbonne, ils n'étaient pas les maîtres des points intermédiaires entre l'Espagne et les bords de l'Aude. Ils étaient quelquefois très maltraités au passage des cols des Pyrénées, et le plus souvent ils se déterminaient à aller à Narbonne par mer, de là ils arrivaient à Carcassonne. Les tours disséminées sur la partie orientale des Pyrénées ne peuvent donc être une œuvre arabe ; nous pensons qu'elles ont été pour la plupart bâties par les Wisigoths. On les désigne bien sous le nom arabe d'*atalaya*, mais cette dénomination n'est venue que longtemps après leur construction, et à la suite de l'invasion sarrazine. Au moyen-âge ces tours ont servi non-seulement de signaux, mais encore de lieux de refuge, ou de magasins, sans qu'elles aient jamais pu devenir, comme on s'est plu à le supposer, de véritables châteaux forts, car elles sont d'une dimension trop restreinte. Quelques-unes ont été réparées ou même refaites. Nous nous sommes convaincu, par exemple, que la tour de La Massana, qui a une porte en accolade avec des corbeaux saillants, a été rebâtie par le roi de Majorque, Don Jayme Ier, qui demeura sur le trône depuis 1262 jusqu'en 1311.

Ainsi que nous l'avons fait pour l'Italie, nous ne croyons pas devoir terminer cette note sans exprimer tous nos sentiments de gratitude pour les savants espagnols qui ont bien voulu nous faire part de leurs observations sur les monuments militaires de la Péninsule. Nous inscrirons ici les noms de MM. Sabau, secrétaire perpétuel de l'Académie royale d'histoire; Basilio Castellanos, conservateur du cabinet des médailles de la Reine, Goyangos, professeur d'arabe à Madrid; le chanoine Cépero, sénateur du royaume à Séville, et mon collègue aux Comités historiques; Salvador Andreo, président de l'Académie de Grenade; l'abbé de Loaysa, l'érudit éditeur des conciles d'Espagne, à Tolède; Prospero de Bofarull, l'auteur d'un remarquable ouvrage historique sur les comtes de Barcelonne; et mon ami Manuel de Bofarull, garde général des archives de la couronne d'Aragon.

² Chartes de 1112, 1158, 1191 rapportées par D. Vaissète, Hist. Lang., aux preuves. Une partie du logement du gouverneur, situé dans la première cour du Château, s'appelait le Cléricat (Ministère de la guerre. — Dépôt des archives des fortifications, plan de 1782.) Ce nom remontait à l'époque où le Château était le siége de la sénéchaussée.

³La vicomtesse Adélaïde était célèbre, au moyen-âge, sous le nom de Comtesse des Burlats. Burlats était un Château, situé sur les bords de l'Agout, qu'elle habitait avant son mariage avec Roger-Trencavel. Etiennette de Cerdagne, surnommée la Louve de Pennautier, prenait place auprès d'Adélaïde, ainsi que la plupart des femmes des seigneurs de la Vicomté. Les poètes les plus assidus à la Cour de Carcassonne étaient Arnaud de Marvell, Raymond de Miraval, Pierre Raymond, Pierre Vidal et Pons de la Garde. (Histoire du comté et de la vicomté de Carcassonne, tom. ii, chap. iii, L'hérésie et les troubadours.)

V. LA PORTE-DE-L'EST — LES TOURS DE S.-LOUIS, ETC.

¹ Depuis un grand nombre d'années la statue de la Vierge était mutilée et la tête manquait; le 28 juillet 1838 les habitants ont demandé la permission de la remplacer avec une tête conservée précieusement dans la Maison de charité de la Cité.

² Ch. de 1084 et de 1094, Hist. de Lang., aux Pr. — L'ancien Château Narbonnais était sur l'emplacement même où sont aujourd'hui les tours de la Porte-de-l'Est.

³ Les nombreuses relations qui ont existé, au moyen-âge, entre les républiques italiennes et la Gaule méri-

dionale, nous déterminent à signaler certaines analogies dans les monuments militaires des deux pays. Les pierres en bossage brut ou à pointe de diamant ont été employées très anciennement à Gênes dans la construction de la tour *del Embriacci*, qui fait partie du Castillo, et jusqu'en 1358, aux deux tours du château de Milan, élevé par Galeas Visconti.

On sait que la forteresse d'Aigues-Mortes, bâtie en grande partie par St. Louis, présente une grande analogie avec la Porte-de-l'Est et la tour du Trésaut; mais quant à ce qu'on a dit qu'elle avait été copiée sur les murs de Damiette et de Jérusalem, nous ne saurions l'approuver. Les chrétiens ont pris chez les Arabes quelques expressions telles que *barbacane*, qui veut dire chemin vers la porte, *matacane*, qui veut dire ouverture au bout d'un chemin, etc., mais là se sont bornés les plagiats. Nous ignorons d'ailleurs quelle était la forme des murs de Jérusalem et de Damiette pendant le moyen-âge, puisque les remparts de ces deux villes ont été reconstruits entièrement depuis les croisades.

[1] Philippus Dei gratià Francorum Rex notum facimus.... Servitutes quas Episcopus dicebat se et Ecclesiam Carcassonensem habere in muris nostris civitatis Carcassonæ qui de novo construuntur ante domum suam Episcopalem....... Actum Parisiis anno Domini 1280, mense Augusto. — Chronicon Episcop. Eccles. Carcass. 110.

VI. L'ENCEINTE EXTÉRIEURE — LA TOUR DES MORTES-

PAIES, ETC.

¹ On a cru que cette institution avait été la suite de
l'établissement du vicomte Bernard Aton, dont nous
avons parlé plus haut. Il suffit de lire les chartes que nous
avons citées pour se convaincre que l'institution de saint
Louis est parfaitement distincte quant aux moyens et à
l'organisation ; il n'y a de commun que le but, c'est-à-
dire la garde de la Cité.

Quamobrem beatus Ludovicus et alii praedecessores
nostri garnisionem ducentorum et vigenti servientium...
Ad certa vadia annua pro defensione et conservatione
dicti civitatis et Castri ejusdem jnstituerunt....... Ch.
de 1418.

On trouve encore l'expression de *vadia* employée dans
les priviléges et franchises accordées par Louis XI au
Bourg-neuf de Carcassonne, article 8.

² La tour du Burlas ne tirerait-elle pas son nom du
Jean de Burlas, sénéchal de Carcassonne en 1287 ?

³ Les Engins du Roi étaient situés entre la tour de
Barard et celle de Bénazet : on appelait *Engins*, avant
l'usage de la poudre, toutes les machines de guerre, et
Engins à verge les catapultes, les pierriers, etc.

⁴ Besse, Hist. de Carcass. 53.

VII. LA BARBACANE DU CHATEAU — LA PRISON DE L'INQUI-
SITION, ETC.

[1] Inter pontem et barbacanam Castri.... (Rapport du
sénéchal Guillaume des Ormes sur le siége de 1240.)

[2] La tour de la Mure était située sur les glacis de la
Cité, du côté de la tour de l'Evêque. Mure de *murus*,
mur; les prisonniers étaient désignés sous le nom de *in-
murati*.

[3] Le terrain occupé par le premier couvent des jacobins est compris dans le plan cadastral de la commune
de Carcassonne sous les nos 522, 525, 526, qui sont
à peu de distance de la tour de l'Evêque. Pour l'assiette
et la configuration du couvent des jacobins et de celui
des cordeliers dans la Ville-Basse, avant les guerres religieuses du XVIe siècle, voir deux plans déposés à la
Bibliothèque nationale, estampes no 7402, fol. 34, et
f. 36, *Les deux villes de Carcassonne en Languedoc.*—
Ces plans sont inexacts sous bien des rapports, mais les
deux couvents y sont mieux représentés que partout ailleurs.

[4] Archives du Royaume, Registrum curiæ Franciæ.

[5] La Cité et le Bourg-neuf de Carcassonne, plan daté
du 28 mai 1467. — Voir aux archives de la Mairie de
Carcass., concession en faveur de Pierre Algan, 1648.

VIII. L'ÉGLISE S.-NAZAIRE ET S.-CELSE.

Ce n'est pas en faisant la monographie de l'église
St-Nazaire qu'il convient d'examiner les questions importantes soulevées par les auteurs, à propos de la prédication du christianisme dans la Gaule méridionale, et
dans l'antique Cité de Carcassonne en particulier. Ce
sujet, si diversement considéré par les historiens ecclésiastiques, ceux de la province de Languedoc et ceux de
Carcassonne, mérite un examen approfondi. C'est
la monographie de la basilique Saint-Nazaire, et non
pas celle de l'église de Carcassonne (ecclesia Carcassonensis), que nous nous proposons de faire en ce moment. Les questions relatives à la fondation du siége
épiscopal de cette antique Cité forment l'objet d'une
dissertation particulière dans l'Histoire du comté et de la
vicomté de Carcassonne.

Il est certain que l'église cathédrale du diocèse de
Carcassonne occupait, au milieu du IXe siècle, la place
qu'elle occupe aujourd'hui. C'est ce qu'on doit conclure d'une visite pastorale qui y fut faite par l'évêque
Christophe de l'Estang (1609). En exhumant le cer-
cueil de bois qui renfermait les ossements de saint Lupin, ce prélat trouva une châsse dans laquelle était scel-

lée une feuille de parchemin manuscrite, portant qu'en
851 saint Lupin était chanoine de l'église cathédrale de
Carcassonne, Liviula étant évêque et Louis Eliganius,
comte. (Nous pensons qu'il faut lire Olibanius. Histoire
du comté et de la vicomté de Carcass., I, 166. — Chronic. Episcoporum 50. — Gallia Christiana VI, 665. —
Breviarium Martini de sancto Andrea, fol. 246.) Les détails donnés par Gérard de Vic sont assez précis pour
qu'on doive y ajouter foi. Quoique cet auteur manque
en général de critique, nous adoptons son récit dans
cette circonstance, parce qu'il a été témoin oculaire et
qu'il n'est d'ailleurs que simple narrateur. Nous nous
arrêtons à dessein sur ce fait, parce qu'il sert à constater l'existence et la situation de la cathédrale pendant le
IXe siècle.

En second lieu, il est certain que, un siècle après Liviula, le chapitre avait pour patron saint Nazaire, puisque saint Gimer, le seul prélat de ce nom que l'on re-
connaisse généralement pour évêque de Carcassonne,
figure dans deux actes avec le chapitre de Saint-Nazaire. *Ego Guimerra episcopus, et omnis congregatio
Sancti Nazarii sedis Carcassonæ* .... Il s'agit dans
cette charte d'un échange de diverses églises entre le
chapitre de Carcassonne et le monastère de Montolieu.
(Charte de l'année 925. Preuves de l'Hist. de Carcass.
par Bouges.) On lit dans un autre acte : *Guimerra qui di-
vinâ dispositione Sancti Nazarii Carcassonensis titulo
fungor per consultum est concilium cathedralium cleri-*

corum meorum. Il est question dans cet acte d'un autre échange. (Ch. de 931. Gallia Christiana, Preuves 422.)

Nous avons recherché les titres de saint Gimer à la béatification, et nous avons cru les trouver dans l'institution de la vie régulière au sein du chapitre, institution qui est son œuvre, ainsi que dans les bienfaits que son ardente piété attira sur son église. A partir de son épiscopat on rencontre un grand nombre d'actes de libéralité en faveur de Saint-Nazaire.

Sous l'épiscopat d'Abbon, successeur de Saint Gimer et sous celui de Wisand, plusieurs biens furent donnés au chapitre. Sunifred, comte de Barcelonne (Marca. hispanica, 287), Dodelin et son épouse (Ch. de 936. Preuves de l'Hist. de Languedoc) figurent parmi les donateurs. En 986 le chapitre achetait des terres à Gombert, en 1002 il recevait d'Adalbert les dimes de Gougens. Un des fils de Roger-le-vieux, à la fois évêque de Gironne et comte de Carcassonne, lequel possédait en fief l'évêché de cette ville, figure aussi parmi les bienfaiteurs de Saint-Nazaire. (Ch. de 1034, Hist. Lang., aux Preuves.) Bernard Aton et Hermengarde donnent au chapitre toutes les dimes qu'ils possèdent à Carcassonne, Couffoulens, Preissan, Grèzes, Capendu, Villalier, Cazillac, Fontiés. (Gall. Christ., vi, 811.) etc.

Quand la prospérité de l'église se fut ainsi accrue, le chapitre remplaça la vieille et primitive église par un nouvel édifice qui était en cours de construction en 1096, comme on le verra plus bas.

[²] La partie la plus élevée de St-Nazaire est de construction moderne : il n'existait pas de clocher dans l'église fondée à la fin du XVᵉ siècle. Les contreforts du côté de l'ouest prouvent, à défaut d'autres témoignages, que des réparations ont été pratiquées sur ce point, car ils avaient été placés symétriquement par rapport au mur principal.

Le fond de l'église a toute la sévérité des constructions romanes : le voisinage des remparts avait contribué à faire donner à ce côté du monument une forme et une solidité capables de résister à une attaque armée, dans le cas où une brèche eût été pratiquée à l'ouest de la citadelle. La porte est très étroite, et le mur n'est percé que de trois œils-de-bœuf d'une très petite dimension. Peut-être même cette partie du pourtour de St-Nazaire avait-elle été fortifiée. On y remarque encore la naissance des voûtes qui pouvaient former un porche.

On voit aujourd'hui une petite porte au bas de l'escalier du clocher; elle a été ouverte, sur la demande du chapitre, en 1701. D'autres portes bouchées en ce moment existaient autrefois du côté du midi : l'une d'elles est semblable à la porte de l'ouest, et paraît être aussi ancienne que l'église. Toutes donnaient accès dans les bâtiments du chapitre et notamment dans le cloître.

Le cloître, qui avait été bâti et rebâti à plusieurs reprises depuis l'introduction de la vie régulière parmi les chanoines de la cathédrale, fut démoli en 1793. Peu de temps avant la révolution de 1789, on voyait dans

le préau une fontaine d'eau vive, qui descendait, au moyen d'un aqueduc souterrain, des hauteurs de Pech-Mari,
autrefois très boisé, ce qui est attesté par les racines de
troncs de chéne que l'on y rencontre fréquemment.
Suivant l'usage, le cloitre était orné de tombeaux. Nous
savons que les pierres tumulaires de cinq abbesses de
Riunettes, au nombre desquelles était Louise de Mont-
calm, étaient placées du côté du réfectoire ; qu'une
riche et élégante chapelle, désignée sous le nom de
Pretiosa, avait été construite, sur le côté de l'est, en
1449, aux frais de l'évêque Jean d'Estampes, et que
cette chapelle n'existait déjà plus en 1774. Nous avons
trouvé le plan géométrique du cloitre dans les plans déposés au bureau du génie militaire de Perpignan et nous
conservons précieusement deux chapitaux, un tailloir et
quelques colonnettes qui ont appartenu à ce monument.
(Chron. Episcop. 204. — Arch. du chapitre nécrol.
ms. p. 5. — Arch. de l'évêché. Délib. du chapitre du
2 janvier 1701.)

[3] Anno Dominicæ incarnationis millesimo nonagesimo
sexto, quarto indictionis septuagesimæ quartæ, tertio
idus junii, quarta feria : Urbanus papa, Carcassonam
ingressus, missam ibidem celebravit ; vivos et defunctos
benedicens absolvit, etiam *ecclesiæ beati Nazarii saxa*
benedixit ; et subsequenti sextâ feriâ, super beatæ Mariæ semper Virginis sanctique Salvatoris altare missam

celebrans, sermonem nobis fecit; cœmeterium propriis manibus salis aspersione absolvit, et sic quinque diebus nobiscum commoratus, vivis ac defunctis consignatis, cum laude et gratiarum actione discessit. (Bibl. nationale, mss. n° 5256, ancien n° 2442.) Ce manuscrit est l'un des plus précieux de la bibliothèque nationale ; nous l'avons publié en grande partie dans l'Histoire du Comté et de la Vicomté de Carcassonne, I, 83.

Nous pensons que l'église était en cours de construction lorsque le pape Urbain II passa à Carcassonne, 1° d'après les expressions dont se sert le chroniqueur pour désigner la cathédrale Saint-Nazaire, 2° parce que le souverain pontife célébra les offices dans le monastère de Sainte-Marie-de-Saint-Sauveur, 3° parce que la porte à plein cintre n'a pas été construite dans le XIe siècle, mais dans le courant du XIIe.

Il paraît même que pour l'ornement de la nouvelle cathédrale on employa une partie des sculptures de celle qui l'avait précédée. Ainsi les deux colonnettes et les chapiteaux de marbre, que l'on voit à la grande porte à plein cintre, ont été extraits d'un autre monument, et c'est sans doute de l'église primitive. Il existait un linteau, qui a été brisé, ce qui explique la continuation des chapiteaux sur les voussoirs.

Si la partie romane de Saint-Nazaire renferme quelques objets qui ont appartenu à la primitive église cathédrale de Carcassonne, il est d'un autre côté vraisemblable qu'au moment de la construction du chœur, de

1300 à 1321, on a opéré quelques remaniements dans les trois nefs. Les piliers massifs pourraient bien avoir été entourés d'un revêtement en maçonnerie dans le but de les consolider ; on voit encore s'élever au-dessus des piliers actuels les fûts de colonne de construction romane primitive jusqu'à la voûte de la grande nef. Du reste, les sculptures des chapitaux qui couronnent les piliers, ne sont pas toutes d'un travail roman.

4 Les armes de Rochefort sont sculptées à la clé de voûte de l'abside. On les retrouve ensuite sur les verrières les plus anciennes du chœur.

5 Le nom de Porte-des-Morts tire son origine du cimetière qui était auprès de cette porte. « Monseigneur de Grignan ayant remarqué que la terre du cimetière dépasse de douze pans le pavé de l'église, ce qui détériore les murs et cause une grande humidité au chœur, engage le chapitre à lui présenter requête à ce sujet; ensuite il rendra une ordonnance pour faire enlever la terre, en laissant les murailles dans l'état, excepté celles qui regardent la place Saint-Nazaire..:... » Délibération du chapitre de Saint-Nazaire du 5 novembre 1710. — La porte du nord a été quelquefois désignée sous le nom de Porte-Rouge, à cause de sa couleur.

6 Ce testament est à la date du 14 juillet 1325. (Re-

gistre de Méleti, Fabri et Robin, notaires du chapitre de Saint-Nazaire, page 252 v°.) Il énonce les champs, jardins et maisons affectées à la dotation de cette chapelle et du chapelain titulaire : la collation appartenait au chapitre d'après une disposition expresse du donateur.

7 Chronicon Episcoporum Carc. 120. — Catel, Mém. sur l'histoire de Languedoc, 1008.

8 Délibération du chapitre de Saint-Nazaire, en date du 7 octobre 1769.

9 Le sonneur de Saint-Nazaire portait le nom de Canis. Son meurtrier fut condamné à être pendu (janvier 1607). — (Archives départementales de l'Aude, cartulaire des actes du chapitre de Saint-Nazaire.)

10 Par acte du 12 septembre 1527, retenu par Bachelaria, notaire et secrétaire du chapitre de St.-Nazaire, l'évêque Martin de St. André fonda deux messes basses, qui devaient être célébrées chaque semaine dans la chapelle de Saint-Pierre et Saint-Paul ; et par un autre acte du 27 mars 1532, il fonda deux autres messes qui devaient aussi être célébrées chaque semaine dans la même chapelle. Les fonds qu'il laissa pour cette fondation ayant été perdus, les messes n'étaient plus célébrées depuis un temps immémorial en 1774 ; l'évêque

de Rochebonne en prononça définitivement la suppression
« Cette fondation , dit le copiste du nécrologe ms., est
» gravée en lettres gothiques sur une grande pierre de
» taille cramponée dans le pilier qu'on trouve à main
» droite en entrant dans ladite chapelle de Saint-Pierre
» et Saint-Paul. » P. 185.— Chronic. Episc. Carc. 255.

[11] Nous ne sommes pas sûr d'avoir bien lu le mot qui
suit *factus*. Nous ferons remarquer la manière dont on
a indiqué la date de l'année 1311 : elle est bien rarement employée.

[12] Quoique Vitalis soit mort une trentaine d'années
après Christophe, un même tombeau leur fut érigé. Nous
avons trouvé dans les archives de la Mairie de Carcassonne , un état dressé par un maître maçon, de ce qu'il
en avait coûté *pour démolir le mausolée du despote de
l'Estang*. Une longue inscription était gravée sur ce monument, on la trouvera dans le Gallia Christiana , vi,
925.

[13] Au point de jonction de cette chapelle et de l'abside
on voit une statue couchée, en albâtre, de grandeur naturelle , placée sur un sarcophage orné autrefois de bas-
reliefs sur les deux grands côtés. Les statues en albâtre
de cette dimension sont fort rares. Malheureusement ce
monument est très dégradé. On peut encore se convain-

ere que quelques parties étaient dorées et peintes. Le baldaquin qui est placé au-dessus de la tête de la statue est sculpté avec une délicatesse et un fini remarquables. Le travail et les ajustements indiquent une œuvre du XVe siècle; cependant on a toujours supposé que ce tombeau avait été érigé à la mémoire de Simon de Vigor, archevêque de Narbonne, mort à Carcassonne en 1575. Simon de Vigor fut l'un des douze docteurs en Sorbonne, envoyé par Charles IX au concile de Trente. (Nécrologe ms. déposé dans les archives du chapitre de Carcassonne.) Piquet dans son Histoire manuscrite de Narbonne dit que *Simon de Vigor mourut à Carcassonne, et fut enseveli dans le chœur où l'on voit une grande plaque de bronze.* Il est à remarquer que Piquet ne dit rien de la statue couchée, et qu'il commet une erreur sur la date de la mort de Simon de Vigor. — Gall. Ch. VI, 117.

¹⁴ On voit dans les délibérations du chapitre de Saint-Nazaire, en date du 19 mars 1710 et 15 mai 1727, que l'évêque de Grignan fit exécuter, à ses frais, par un sculpteur italien appelé Mazelli, un maître-autel en marbre. L'ancien autel était en pierre, et supporté sur cinq piliers.

¹⁵ Voir les délibérations du chapitre, du 2 janvier 1704, 5 novembre 1710, etc., jusqu'au 1er mars 1722, époque de la mort de l'évêque de Grignan.

[16] Le devis de l'ingénieur Denoyés fut fait à deux reprises différentes, le 25 mai et le 6 août 1793 : ces deux pièces sont déposées aux archives de la Mairie de Carcassonne. Nous y avons remarqué le passage suivant : « On emploiera pour l'appui de communion, celui de la paroisse Saint-Sernin ; on démolira la chaire à prêcher et on la placera au pilier suivant vers le chœur. On fermera trois fenêtres du clocher, du côté du cers (ouest), et trois du côté du levant ; on démolira les cloisons qui séparent le chœur des chapelles latérales ; on blanchira à deux laits de chaux à la colle... les dalles qui manqueront pour le pavage seront prises à l'église St-Sernin... » Il est bon de consigner ici ce dernier article, car il serait possible de rencontrer un jour, dans l'église Saint-Nazaire, des pierres tumulaires ou des inscriptions dont il pourrait être important de bien connaître l'origine.

[17] Il est certain que Simon de Montfort, tué devant Toulouse, fut apporté et inhumé à Carcassonne, le 26 juillet 1218 dans la cathédrale de Saint-Nazaire, sur le point que nous avons indiqué ; mais il n'est pas moins certain qu'il n'y a été laissé que pendant cinq ans environ. Amaury, son fils, sortit de Carcassonne avec tous les Français qui y tenaient garnison, le mardi 15 janvier 1223, emportant avec lui le corps de son père.

On a dit que Simon de Montfort fut enseveli à l'entrée de la chapelle (actuelle) de Sainte-Croix, sous une dalle de marbre rouge. C'est une erreur, la chapelle de Sainte-

Croix qui existait en 1218 n'était pas sur l'emplacement de celle d'aujourd'hui. (Voir la page 75, chapelle *Notre-Dame*.)

[18] « Simon de Montfort avait fondé, quelque temps avant sa mort, une messe quotidienne qui devait être célébrée par un chapelain particulier. Ce fut cette donation qui fut sanctionnée en octobre 1219. Une lampe devait aussi brûler à jamais devant l'autel Sainte-Croix. En 1259 saint Louis confirma cet acte (et assigna 5 sols sur le salin de Carcassonne, à prendre chaque samedi, ce qui donne 13 livres 10 sols pour le chapelain, et 3 pour le luminaire ou parement de l'autel). On pensait dans les derniers temps qu'une rente de 13 livres servie par le trésorier du domaine du Lauragais au chapitre cathédral de Saint-Nazaire, représentait la rente affectée par Saint Louis sur le salin de Carcassonne. L'évêque de Rochebonne retrancha le chapelain et la messe quotidienne, ainsi que la lampe, et tout a été réduit à un seul obit pour le repos de l'âme de Simon de Montfort, dont il a fixé la célébration au 28 novembre de chaque année. » Archives du chapitre nécrologe ms. 157. — Gérard de Vic, Chronic. Episcop. 90 et 55.

[19] On a supposé que cette dalle avait été placée sur le tombeau de Simon de Montfort; nous ne partageons pas cette opinion: mais dans le doute, nous avons cru devoir

provoquer l'acquisition de cette pierre tumulaire et son transport dans l'ancienne cathédrale de Carcassonne. Il serait trop long de discuter ici les preuves des deux opinions ; nous nous bornerons à renvoyer aux ouvrages imprimés qui les renferment. Nous avons en main quelques documents manuscrits sur cette question, que nous regrettons de ne pouvoir, en ce moment, livrer à la publicité. — Besse, Hist. de Carcassonne, pag. 150. — Borrel, Antiquités de Castres, 32. — Voyage littéraire des bénédictins (entrepris en 1717) ii partie, pag. 51.— Mémoires de la Société archéologique du Midi de la France , tom. i, 269, 279, 281, publiés en 1834.— Histoire générale de Languedoc , édition in-8°, tom. v, additions et notes, pages 75, 80, 82, 83; ce volume a été publié en 1842. —Bulletin du comité historique des arts et monuments , années 1843-44.)

²⁰ Nécrologe ms. déposé dans les arch. du chapitre, page 33.

²¹ Le copiste du Nécrologe fait remarquer que, en gravant l'inscription de Calmels, le double DD a été mis pour la première fois avant le nom d'un chanoine.

²² Nous pensons que le fondateur désigné dans l'inscription est Antoine de Tournus, seigneur de Serres, qui fut lieutenant-général du sénéchal de Carcassonne en 1477.

[23] Item debent teneri in dictâ ecclesiâ decem lampa-
des, continuo tam de die quam de nocte ardentes, videlicet tres ante altare majus beati Nazarii, una ante quod-
libet altare beatæ Mariæ, sanctorum Germani, Vincentii, Crucis, Joannis, Michaelis et Trinitatis. Item alia in
dormitorio ardens duntaxat de nocte, item alia dudùm
teneri consuevit in capite gradarii per quod ascenditur
ad chorum antiquum superiorem, ardens solùm à primâ
pulsatione matutinarum, quousque erit finitus conven-
tus et ab ecclesia recesserit, quam dictus Dominus re-
formator mutari voluit in angulo claustri quo intratur
ad infirmariam, quandò ibi claustrum regulare fuerit
præparatum. Item debet dictam ecclesiam et omnia ejus
altaria prædicta ac capellarum novarum sanctorum Petri
et Bartholomæi illuminare...... (Arch. de l'Evéché, registre ms. dit de l'Ave-Maria, pag. 43.)

[24] On remarquera que les grilles placées à cette chapelle,
par l'évêque de Grignan, n'ont pas été comprises dans
la vente opérée pendant la première République. (Voir
plus haut, pag. 77.) Nous avons cherché à connaître
les motifs qui les ont préservées : voici ce que nous avons
découvert à ce sujet. Les habitants du faubourg de la
Barbacane ont toujours eu une vénération particulière
pour la mémoire de S. Gimer. En 1793, l'un des membres de la municipàlité de la Cité, qui jouissait d'un
grand crédit parmi ses collègues, étant originaire de la
Barbacane, usa de son influence pour obtenir et obtint

réellement la conservation des grilles de la chapelle de Saint-Laurent, consacrée alors à saint Gimer.—(Voir le procès-verbal dressé par l'évêque d'Auxillon dans le reg. des délib. du chap., 12 mai 1750.)

²⁵ Pendant que le dernier des Trencavel, cherchant à reprendre par les armes la Cité de Carcassonne des mains du Roi de France, occupait militairement les faubourgs à moitié ruinés, plusieurs clercs, qui voulaient s'en éloigner et passer dans le camp ennemi, furent assassinés par les partisans du vicomte, auprès de la Porte-Narbonnaise. C'est là l'évènement que nous croyons avoir été représenté sur le bas-relief. (Voir plus haut le Précis historique, page 16, et l'Histoire du comté et de la vicomté de Carcassonne, tom. II, chap. VII, *Restauration de Trencavel*.)

La dalle est en grès calcaire de Carcassonne, fort tendre et d'un grain très grossier. Quoique les clercs fussent au nombre d'une trentaine environ, un seul a été représenté à cause de la difficulté qu'il y avait à les faire figurer tous ensemble. Un ange emporte au Ciel l'âme du mort, comme on peut le voir sur le tombeau de l'évêque Radulph dont nous parlerons bientôt. Les armures de maille, l'arbalette, les casques carrés dans le haut, les boucliers de forme triangulaire accusent bien une œuvre du XIII⁰ siècle; l'existence de la croix sur le bouclier de l'un des assiégés, la présence des fossés, des palissades et jusqu'à la grande machine dont il

est question dans le récit du siége de Carcassonne sous
le nom de *pierrier de Turquie*, tout nous semble concou-
rir à y préciser l'évènement que nous avons rapporté.

Le bas-relief a été brisé du côté où figurent les assié-
geants, mais la partie la plus intéressante, celle de la
place, est d'une aussi grande conservation que peuvent
le permettre la qualité de la pierre et l'abandon dans
lequel il a été laissé jusqu'en 1844. On peut voir des
empreintes de ce curieux monument dans divers musées
et notamment dans le musée de Cluny.

L'interprétation que nous venons de donner de ce
monument différant essentiellement de celle qui a été
publiée, nous renvoyons aux ouvrages indiqués à la
page 177. Quant à la machine, ce n'est ni la fondelfe,
ni le mangoneau, ni le trébuchet, ni la machine dessi-
née dans le poème sur la guerre des Albigeois, ni la
cate, ni la sportula, ni la balliste proprement dite, ni
aucune de celles que nous avons vu figurer dans divers ouvrages sur la péliorcetique. C'est un pierrier,
mais d'une forme particulière, la *petraria turquesia*,
machine puissante à laquelle est réservé un rôle particulier dans le siége de Carcassonne de l'année 1240. —
(Guillelmus de Podio Laurentii, dans les Comtes de To-
lose, par Catel, 91. — Rapport de G. des Ormes sur le
siége de 1240. — Monstrelet cité par Daniel, De la milice française, des *frondes*, 437. — E. N. Allou, Mémoires de la Société royale des Antiquaires; *armes of-
fensives et défensives*. — Poème sur la guerre des Albi-

geois, attribué à Guillaume de Tudéle, *Cant Carcassona fou prex*, Bibliot. nat. mss. latins. F. Lavallière, n° 94, page 15. — Machines de guerre des Arabes, par M. Goyangos et lord Munster. — Bibl. de l'Escorial, mss. II, y, 24, Instrumentos y màquinas de guerra.

¹⁶ Les vitraux de la rose du transsept nord ont été déplacés maladroitement. On n'a su, en les replaçant, ni assortir les couleurs, ni recomposer l'inscription. Dans la rose, du côté du midi, on voit saint Pierre et les armes de l'évéque Rochefort dans un quatre-feuilles.

Les couleurs violet et rouge de la verrière de la chapelle Sainte-Croix sembleraient indiquer une date antérieure à la construction des transsept (1324), et on serait tenté de croire qu'elle a été extraite d'un autre monument. Mais la forme des lettres est bien celle qui était employée au XIVe siècle. De sorte que cette verrière est remarquable, non-seulement à cause du grand nombre de caractères qu'elle présente, mais encore à cause de sa couleur, qui était inusitée à l'époque de son exécution.

Les verrières à grands sujets de l'abside datent de la renaissance : on y voit les armes de l'évéque Martin de Saint-André, originaire de Carcassonne. Nous avons retrouvé le même écu dans la maison, située dans la Ville-Basse, rue de la Préfecture, n° 65, que l'on a supposé jusqu'à présent avoir été fondée par les chevaliers de Malte, et que nous croyons être celle de la famille Saint-André . On voit encore l'écu de Saint-André sur les grands chandeliers du maitre-autel de Saint-Nazaire , qui ont été faits avec la plaque de bronze placée sur le tombeau de ce prélat. (Mémoires sur la maison de la famille de Saint-André , lu par nous dans la séance de la Société des arts et des sciences de Carcassonne, en date du 6 décembre 1846, et déposé dans les archives de la compagnie. — Délibérations du chapitre, des 27 mars 1758, 3 mai 1709, 15 mai 1727.)

[27] Dans le mois d'octobre 1846 , le côté intérieur du mur de l'abside a été débarrassé des boiseries et des tableaux sous lesquels étaient cachées les sculptures qui le décoraient. Sur les panneaux de pierre, ciselés avec art, dont le pourtour est orné , étaient peints les écussons de quelques évêques : mais les couleurs sont trop altérées pour en distinguer les diverses parties. On ne pourrait faire que des attributions très hasardées de trois d'entre eux, plus apparents que les autres.

En résumé, sans parler des curieux chapiteaux de la partie ogivale de l'église, où l'on a cru voir une imitation des bas-reliefs persépolitains, qui représentent les anciens rois des Perses luttant contre des animaux fabuleux , nous rappellerons ici les magnifiques sacraires que l'on rencontre si rarement dans les églises , les gracieuses chapelles qui divisent les transsepts, disposition peu

commune, les modillons, de forme capricieuse et placés en saillie à l'extérieur du chevet, que ne présentent
presque jamais les monuments gothiques, enfin les vitraux du moyen-âge et de la renaissance, pour montrer
tout ce qu'il y a de fini et de savamment étudié dans le
plan de la cathédrale de St-Nazaire. Il est remarquable
que, au XIV siècle, en un temps où les constructions religieuses ont si peu de mérite artistique, on soit parvenu
à réunir avec tant de bonheur tous les genres et toutes
les combinaisons de l'art, depuis le roman de toutes les
époques jusqu'au style ogival le plus perfectionné. La
restauration complète de cette église, où l'architecte, le
sculpteur, le verrier et l'ornemaniste trouvent des mo-
dèles de tout genre pour opérer des réparations avec
une grande sûreté de moyens, à cause de la conservation irréprochable de certaines parties de l'édifice, est
une œuvre qui intéresse non-seulement le pays qui pos-
sède ce monument, mais encore l'histoire de l'art en
lui-même.

IX. LA CHAPELLE ET LE TOMBEAU DE RADULPH.

[1] Bulletin du comité historique des arts et monuments, I, 147.

[2] La statue a une hauteur de 1 mètre 96, et la corniche qui est au-dessous une épaisseur de 0 mètre 25,
et une largeur de 2 mètres.

[3] Constat ex martyrologio antiquo ecclesiæ Carcassonen-

sis ejusdem episcopi (Guillelmi Radulphi) sumptibus
constructum sacellum, ubi res divina fieret in νοζοχομειῳ
canonicorum ejusdem ecclesiæ, presbytero ibidem cons-
tituto (Chron. Epis. Carcass., p. 105), Lisez νοσοχομειῳ.
— Gallia Christiana , v , 888.

⁴ Une seconde édition fut publiée en 1845. Nous en
extrayons le passage suivant, relatif aux costumes religieux représentés sur le sarcophage : « Tous les personnages qui sont sculptés sous les ogives et qui tien-
nent un livre , portent ce que nous appellerions aujour-
d'hui une aube, car ce vêtement arrive jusqu'au bas de
la soutane qui est un peu plus longue. De l'aube on passa
au rochet en réduisant sa longueur, afin que cet habit
fût plus dégagé et moins embarrassant. Dans les cérémonies , le rochet devint surplis en élargissant les manches ; enfin on fit le surplis sans manches ou le scapu-
laire. Tous les personnages représentés sur le tombeau
ont l'aube à larges manches ou chemise romaine. *Alba
camisia, camisile* ; les Grecs l'appellent *poderens*, parce
que chez eux elle touche encore aux pieds, comme à la
statue de l'évêque Radulph. (Poderens de ποδοσ pied).
Elle était autrefois dans toute la chrétienté également
longue ; voici pourquoi elle a été réduite : *Idcircò
albæ superpelliceum substitutum fuisse, ut ambulando
cœterisque muniis obeundis essent expeditiores.* (Bene-
dictus XIV, *Comment. De Sacro sancto sacrificio.* —
Cardinal, Bona, *Rerum liturgicarum*, lib. ı, p. 225.)

— 185 —

On voit des têtes nues ou rasées en partie, des têtes couvertes d'une espèce de mortier, enfin des têtes couvertes de diverses sortes de capuchons. La présence des têtes rasées s'explique par la vie monastique du chapitre de Saint-Nazaire, qui suivait la règle de Saint Augustin. Le mortier n'est autre chose que le *birretum*, aujourd'hui bonnet carré. Les coiffures avec capuchon méritent un plus long examen ; il me semble que le caprice de l'artiste a joué un grand rôle dans ces diverses manières d'accommoder le capuchon. Tantôt il est placé dans sa position naturelle, et il recouvre la tête entièrement, le cou est alors invisible : quelquefois il est plié en deux, les deux pointes retombant du côté du spectateur ; quelquefois les deux pointes sont invisibles, mais toujours c'est l'aumusse, *almucium*. On ne l'aperçoit point cependant sur le bras, comme cela se pratiquait quelquefois dans le diocèse de Lyon, ou dans le diocèse de Narbonne, au rapport de Claude de Vert. Il est probable que ceux qui portent le bonnet carré et ceux qui ont la tête nue n'ont pas besoin de se munir de l'amict, parce que la cérémonie se fait dans l'église. Nous croyons que le sculpteur a beaucoup sacrifié au désir de varier les personnages dans leur costume, ne pouvant pas le faire dans les poses, car tous devaient être représentés avec un livre à la main. Si l'on examine l'opinion exprimée par Gérard de Vic dans sa chronique des évêques (*Chron. Episcop.*, p. 167), sur les habits des chanoines de Saint-Nazaire quand ils étaient cloîtrés, on verra que c'est bien là leur costume, et que le chapitre est le seul corps religieux reproduit sur le tombeau de Radulph.

CHAPITRE III.

LES PONTS DE L'AUDE.

I. LE PONT-VIEUX.

[1] .... Domui Villælongæ dono et concedo nunc et in æternum duodecim denarios Melgorenses et totum dominium quod habeo et habere debeo in manso Guillhelmi de Burgo quondam, quem tenet Arnaudus Pages et Raymundus de Villa-Alba; quod in transitu pontis Carcassonæ accipiebam, injustè accipiebam, quia olim dederam licentiam faciendi pontem hominibus Carcassonæ liberè et absolutè; et illud idem confirmo et corroboro in perpetuum per me et per omnes successores meos. — Baluze. Histoire généalogique de la maison d'Auvergne..... Tom. II, preuves, pag. 500.

[2] In nomine Dei, anno incarnationis ejusdem millesimo centesimo octuagesimo quarto, regnante Philippo rege, notum sit omnibus hæc audientibus, quod ego Rogerius Dominus et vice-comes bitterrensis, per me et per omnes meos præsentes et futuros, bonâ fide et bono intellectu, sine omni dolo et sine omni machinatione, relinquo et cunctis modis diffinio, atque omni tempore dono, sine fine, vobis omnibus hominibus villæ Car-

cassonæ præsentibus et futuris , scilicet, illum pontem villæ Carcassonæ situm super Atacem, cum omnibus sibi pertinentibus et conquærimentis quæ ibi et accaptes facere poteritis, et ut licentiam juxta voluntatem vestram habeatis, et ad requirendi et acaptandi atque collectam faciendi ubicumque, et in quibuscumque hominibus volueritis ad opus pontis illius, et vos illos acaptos et omnem illam collectam fideliter in opere pontis mittatis. Sic dono vobis illum pontem, et nihil ibi retineo, nisi solùmmodo duos modios tritici, annuatim, dùm pons ibi duraverit, quod Deus concedere dignetur, et nihil amplius ego vel mei, aut aliquis vel aliqua pro me, vel pro meo consilio aut ingenio, vel consensu, in illo ponte et sibi pertinentibus capiemus, nec aliquo modo ibi tangemus aliquid à parvo usque ad magnu n, nisi solùm modo jam dictos duos modios frumenti. Item dono vobis omnibus quod ego, etc. —Doat, mss., LXIV, 9 et ss.

³ Les raisons qui, suivant nous, empêchèrent d'établir la voie romaine au nord de la Cité, empêchèrent aussi la construction du Pont-vieux sur la place qu'il occupe, tant que la Ville-Basse ne fut pas fondée. (Voir plus haut, page 131.)

Il paraît que le Pont-vieux était terminé avant 1353, puisqu'il est mentionné dans un document qui porte cette date. *Domus Sanctæ Mariæ capitis pontis lapidei burgi Carcassonensis...* Ce passage est extrait d'un

acte de *reconnaissance* qui figure dans un cartulaire
possédé par M. de Pennautier. Il renferme les reconnais-
sances faites en faveur de la Maison de Charité, fondée
sous l'invocation de Sainte-Marie, à l'extrémité du *Pont
de pierre du bourg* de Carcassonne. La chapelle de Notre-Dame de la Santé, que l'on voit encore à l'extrémité
ouest du pont fut construite postérieurement, sur l'emplacement même de la Maison dédiée à Notre-Dame.

⁴ L'arc qui formait la limité des deux communautés
n'était qu'à 80 mètres de la culée placée du côté de la
Ville-Basse, ou au milieu des troisièmes avant bec et arrière bec, en comptant à partir de ce même côté.

Nous pensons que les deux parties du pont étaient
inégales, d'abord à cause d'une sorte de *suprématie* à laquelle prétendait la Cité sur toutes les communes du diocèse, et notamment sur celle de la Ville-Basse, alors désignée sous le nom de Bourg-neuf; ensuite parce que quelques terrains, situés sur la rive gauche de l'Aude, ap-
partenaient à la communauté de la Cité. Nous trouvons
une preuve de la réalité du premier motif que nous avons
indiqué dans ces mots échappés à Gérard de Vic, à la fin
du XVIᵉ siécle : Ecclesia S. Stephani quæ adhus supe-
rest in suburbio civitatis Carcassonis... quo convenerunt
ceteri clericorum tam ecclesiæ S. Saturnini civitatis
quan utriusque ecclesiarum SS. Michaelis archangeli et
Vincentii martyris, inferioris burgi, quod nunc sibi
nomen absolutum urbis Carcassonis vindicat per insi-
gnem superbiam..... (Chronic. Episc. p. 237.)

II. LE PONT-NEUF.

Les crues de la rivière d'Aude ont lieu ordinairement au printemps et en automne. C'est surtout dans
cette dernière saison que sont arrivées les plus fortes
inondations dont on ait gardé le souvenir.

En 1209, au mois de novembre, une inondation de
l'Aude força Simon de Montfort, qui était dans le Narbonnais, à revenir à Carcassonne pour franchir cette
rivière. (Petrus de Vall. Cern., cap. xxvi.)

En 1255, le 28 octobre, une inondation emporta le
premier couvent des inquisiteurs, situé sur une partie
de terrain occupé aujourd'hui par le faubourg de la Barbacane. (Acta mss. inquisitionis Carcassonæ, Bibliot.
nationale.)

En 1583, le 6 octobre, dans l'espace de six heures,
la rivière envahit les faubourgs de la Cité et les fossés
de la Ville-Basse; le moulin de Saint-Nazaire et sa chaussée furent emportés par les eaux. (Archives départ. de
l'Aude, cartulaires du chapitre de Saint-Nazaire.)

En 1625, le 8 novembre, eut lieu une inondation considérable mentionnée dans les registres mortuaires de
la paroisse de Saint-Michel. (Année 1627, fol. 4, Arch.
de la Mairie de Carcassonne.)

Dans des temps plus rapprochés, c'est encore dans
les mois d'octobre et de novembre que l'on signale les
plus grandes crues.

En 1804, le 18 novembre (27 brumaire an X), les

eaux s'élevèrent à 5^m 82 au-dessus de l'étiage du pont-vieux. Cette hauteur est encore indiquée sur une échelle placée à l'arrière bec de la deuxième pile, en comptant à partir de la rive gauche.

En 1814, et dans le mois d'octobre, eut lieu une forte crue dont nous ne pouvons indiquer la hauteur.

En 1820, le 6 octobre, les eaux s'élevèrent à 70 centimètres au-dessus de la crue de 1801, ainsi que le constate un rapport de M. l'ingénieur en chef Ladevèze en date du 24 octobre, ce qui donne au-dessus de l'étiage une hauteur de......................... 6^m 52

En 1833, le 9 octobre, les eaux s'élevèrent à. 6 00

En 1842, le 19 avril, à................. 5 50

En 1844, le 23 octobre, à............... 5 50

Les plus hautes eaux connues et constatées sont donc celles de 1820. C'est aussi le niveau que l'on a choisi pour fixer la hauteur de la naissance des voûtes du pont neuf. Les indications des points atteints par les eaux dans l'établissement industriel de M. Azerm, pendant des crues de 1801 et de 1820, ont permis de connaître, aussi exactement que possible, le niveau de cette dernière crue à l'emplacement du pont-neuf. La hauteur de la naissance des voûtes a été établie de telle sorte qu'il faudrait, pour atteindre le sommet des arches, que les eaux s'élevassent à deux mètres au-dessus de la plus forte inondation connue.

Le débouché du pont, si toutes les arches étaient libres, suffirait au-debit d'un volume d'eau égal au moins

au double de celui qu'a fourni jusqu'ici la rivière d'Aude
dans les plus fortes crues. Le pont-neuf ne pourrait
contribuer aux inondations du faubourg, dont le sol,
inférieur à la ligne des hautes eaux, a été souvent cou-
vert avant la construction de ce monument, et même
celle du pont-vieux, puisque en 1209, époque de la première inondation que nous avons signalée plus haut,
le pont en pierre du moyen-âge n'était pas encore bâti.
Les craintes manifestées à cet égard, lors de la présen-
tation des projets, n'étaient donc aucunement fondées.

> Il ne sera peut-être pas sans intérêt de rappeler ici
les faits qui se rattachent à la rédaction du projet du
pont neuf et à son exécution.

En 1836 M. Boulé, préfet du département, attira l'attention de l'administration supérieure sur les
dangers que présentait le passage du pont-vieux, à cause
de la raideur de ses rampes, et surtout à cause de son
défaut de largeur qui permet à peine à deux voitures de
se croiser. Il demandait qu'il fût élargi dans le système
employé avec succès au pont de Montauban.

M. l'ingénieur en chef Jouvin fut invité à présenter
un projet d'élargissement dans le système indiqué ou
dans tout autre qui lui paraitrait plus convenable.

En étudiant ce projet, il s'aperçut que pour donner une largeur suffisante au pont de Carcassonne,
il fallait des travaux très considérables et équiva-
lant presque à la construction d'un nouveau pont.

Il crut dès-lors, pour que l'autorité supérieure pût statuer avec connaissance de cause, devoir joindre, au travail qui lui était demandé, le projet d'un pont construit à neuf en aval de l'ancien.

Ce projet comprenait la rectification de la route sur une longueur de 1200 mètres, et la construction d'un pont composé de cinq grandes arches de 15 mètres d'ouverture, pareilles à celles du pont exécuté, et de deux arches de six mètres pratiquées dans le massif des culées. Pour donner à ces voûtes plus de légèreté, et plus de largeur aux trottoirs, on ne plaçait sur les grandes arches que des garde-four en fontx.

Le 30 septembre 1837, deux projets furent présentés, l'un montant à 250,000 francs pour l'élargissement du pont-vieux, l'autre à 340,000 fr. pour la construction d'un nouveau pont : dans un mémoire explicatif l'ingénieur en chef de l'Aude insistait vivement pour l'adoption de ce dernier projet. Les habitants du faubourg de la Trivalle-basse élevèrent des plaintes très vives contre la construction d'un nouveau pont, non seulement à cause de la diminution de valeur que le changement de la route nationale devait occasionner à leurs maisons, mais encore à cause de l'intumescense des eaux que le nouveau pont pouvait amener pendant les crues de la rivière d'Aude.

M. Legrand, directeur général des ponts et chaussées, qui plus tard devait venir lui-même visiter les lieux, demanda, avant de se décider sur cette grave question, l'étude d'un nouveau projet d'élargissement qui consistait, pour ainsi dire, dans la construction d'un nouveau pont soudé à l'ancien, et qui en doublerait la largeur.

Ce projet, s'élevant à la somme de 330,000 francs, présenté le 22 février 1839, fut soumis, le 1er juin suivant, aux formalités d'une enquête publique concurremment avec le projet primitif d'un nouveau pont.

Sur 1322 déclarations, 1202 furent favorables à l'élévation d'un nouveau pont, et 120 seulement demandaient l'élargissement du pont-vieux ou la reconstruction d'un autre pont sur le même emplacement.

Le Conseil général du département, le Conseil municipal de Carcassonne, la Chambre de commerce et la Commission d'enquête furent unanimes pour donner la préférence au projet du nouveau pont à construire. Par une décision ministérielle, en date du 14 septembre 1839, cette construction fut admise en principe ; mais, pour donner satisfaction aux habitants de la Trivalle-basse, au sujet de leurs craintes touchant les crues, le ministre prescrivit d'ajouter deux arches de plus au projet primitif, et de lui faire subir quelques modifications, telles que la substitution de parapets en pierre aux garde-fous en fer et la réduction de 22m à 12m pour la largeur des avenues.

Le projet définitif ainsi modifié fut présenté le 25 novembre, et une loi spéciale, du 8 juillet 1840, en autorisa l'exécution,

Le projet approuvé, le 18 de ce même mois, fut bientôt soumis à une adjudication publique, et, à la fin de l'année, les fouilles des fondations étaient commencées et les les travaux préparés pour la campagne prochaine. La cérémonie de la pose de la première pierre eut lieu le 1er mai 1841. Deux exemplaires de la médaille commémorative, frappée à cette occasion, sont déposés dans les collections du musée de Carcassonne; elles ont 51 millimètres de diamètre, portant d'un côté l'effiige de Louis-Philippe et de l'autre l'inscription suivante:

PONT DE CARCASSONNE.

LOI DU 8 JUILLET 1840.

LA PREMIÈRE PIERRE DE CE MONUMENT
A ÉTÉ POSÉE LE 1er MAI 1841.

S. M. LOUIS-PHILIPPE 1er, ROI DES FRANÇAIS,

M. TESTE, MINISTRE DES TRAVAUX PUBLICS,

M. LEGRAND, SOUS-SECRÉTAIRE D'ÉTAT,

M. SALADIN, PRÉFET DE L'AUDE,

M. JOUVIN, INGÉNIEUR EN CHEF.

C'est dans une excavation pratiquée dans l'une des pierres de la première assise du socle de la culée placée sur la rive gauche, au point correspondant à l'axe du pont, que fut déposée une boîte de cèdre contenant deux médailles et différentes pièces de monnaie en or et en argent, au millésime de 1841.

Dans le mois de mai 1842, les piles et les culées étaient

fondées ; les maçonneries s'élevaient partout à plus de trois mètres au-dessus du socle.

En juin 1843, les cintres étaient en place et l'on commençait à la fois la pose des voûtes, qui furent fermées le 24 octobre. Un mois après on procéda au décintrement ; le 10 décembre les voûtes se trouvèrent dégagées de tout soutien, sans qu'il se fût manifesté un mouvement sensible dans leur masse.

Les travaux ralentis en 1844, faute de fonds, reprirent toute leur activité en 1845, et le 1er mai, cinquième anniversaire de la pose de la première pierre, le pont et la nouvelle route, après une brillante cérémonie d'inauguration, furent livrés au public.

Les dépenses faites par l'État se sont élevées à environ 600,000 fr., savoir : 100,000 fr. pour les indemnités de terrains, et 500,000 fr. pour les travaux. Ils avaient été alloués dans le principe à 410,000 fr. et s'élevèrent à 90,000 f. de plus, par suite de l'augmentation du prix de la pierre de taille, qui de 34 f. le mètre cube monta à 50 f. Les travaux du canal latéral de la Garonne qui furent exécutés en même temps, produisirent une concurrence fâcheuse pour la fourniture de la pierre.

(Mémoires, rapports et autres pièces officielles qui ont figuré dans les enquêtes publiques. — Procès-verbal de la cérémonie d'inauguration du pont, broch. in-8o. — Arch. du bureau de l'ingénieur en chef des ponts et chaussées de l'Aude.)

CHAPITRE IV.

MONUMENTS DE LA VILLE-BASSE.

1. L'ENCEINTE MILITAIRE ET LES PORTES.

[1] La partie de l'enceinte d'Asti (Piémont) qui s'étend de la porte St-Roch à la porte St-Paul, quoique construite en briques, a une ressemblance parfaite, quant à la forme des courtines et des tours, avec celles de la Ville-Basse, telles qu'elles étaient en 1464. — Une partie des *pans et parapets* des murs de la Ville-Basse de Carcassonne fut aliénée par les trésoriers et grands voyers de France, en faveur de certains particuliers. (Acte du 4 juillet 1763, dans les minutes de M. Cazes, notaire à Carcassonne.)

[2] Les matériaux furent employés à la construction d'une maison, située à la rue des Moulins, occupée en ce moment par l'école Normale primaire de l'Aude.

[3] A peu de distance de la porte des Jacobins, est située la caserne, bâtie de 1720 à 1723. Bàville, dans son Mémoire sur le Languedoc, la met au nombre des édifices militaires modernes les plus remarquables de la province de Languedoc. A l'est de la caserne s'étend le champ de manœuvre ou *esplanade*, décoré sur les angles de quatre socles, au-dessus desquels sont placés quatre lions en grès calcaire. Sur le socle de l'angle du nord-est on lit l'inscription suivante :

1728.   CONSVLS :

JOSEPH AIROLLES, ANCIEN ASSESSEVR;

FRANÇOIS FORNIER, MARCHAND;

NICOLAS AVSTRJC, NOTAIRE;

FRANÇOIS BLANCHET, MARCHAND.

II. LES MONUMENTS RELIGIEUX.

[1] Arch. du roy., regist. Curiæ Franciæ, II. Ch. de 1247.

[2] Plan-dessin de Carcassonne, en 1467.

[3] Froissard, chronique-cartulaire de l'abbaye de Caunes, déposée aux archiv. départem. de l'Aude.

[4] Mémoires mss. de Gaches.

III. L'ÉGLISE SAINT-MICHEL.

[1] Archiv. du Chap. — Regist. des délib. 1803.

[2] La question relative au siége cathédral actuel du diocèse a été approfondie, par M. A. Mahul, dans les Mémoires de la Société des arts et sciences de Carcassonne, I, 62.

[3] La restauration et l'agrandissement de l'église St-Michel ont été confiées à M. Léon Ohnet, architecte à Paris.

IV. L'ÉGLISE ET LA TOUR DE SAINT-VINCENT.

[1] Les caractères de cette inscription nous paraissent être du XIVe siècle; M. de Castellane, à qui nous l'avons communiquée pour son Recueil épigraphique du moyen-âge, l'a classée au XIIIe siècle.

[2] Les parties basses des verrières de l'abside sont modernes, les panneaux élevés ne sont pas antérieurs à 1480.

[3] Lorsqu'on plaça cette pierre on eut la pensée d'ériger deux monuments sur les points les plus rapprochés des routes nationales qui se trouvent sous la ligne du méridien. Ce projet n'a pas été exécuté.

V. LES PLACES ET LA FONTAINE DU NEPTUNE.

[1] Les halles étaient situées au nord de la place; au sud-est s'élevait la croix du St-Suaire; la fontaine du Roi-des-eaux, en pierre, était au sud-ouest.

[2] Délib. du conseil munic., 15 janvier 1771.

[3] Les quatre fontaines placées aux quatre angles de la place, étaient en pierre de taille du pays, ornées de gracieuses sculptures : elles ont été remplacées, sous la restauration, par les fontaines de marbre que l'on voit aujourd'hui.

VI. LE JARDIN PUBLIC ET LE CANAL DU MIDI.

[1] L'ensemble des promenades qui entourent la ville ne date que de cette époque, mais une trentaine d'années auparavant, l'évêque de Besons avait commencé à planter les fossés. Ephémér. du citoyen, de l'an 1771, III, 188.

[2] La ville de Carcassonne adressa une demande dans ce but en 1777.

[3] M. Georgest, ingénieur en chef de l'Aude, était en même temps directeur des travaux du Canal.

[4] La première pierre avait été placée le 12 juin 1802.

[5] Délib. du Conseil munic., 12 mai 1810. — Albisson, Lois municipales du Languedoc, III, 273

APPENDICE.

Nous avons annoncé que cet ouvrage serait aussi complet que possible : aussi dussions-nous sortir du cadre indiqué par le titre, nous donnerons une courte notice sur les Archives départementales de l'Aude, la Bibliothèque publique, et les Collections du Musée de Carcassonne.

ARCHIVES DÉPARTEMENTALES DE L'AUDE.

Les archives départementales sont déposées dans l'hôtel de la préfecture de l'Aude, qui a été le palais épiscopal jusqu'à la révolution de 1789. Cet édifice fut fondé et bâti par l'évêque de Besons. Les archives départementales peuvent être divisées en archives civiles et en archives ecclésiastiques.

Les archives civiles comprennent les pièces concernant la sénéchaussée de Carcassonne, l'intendance de Montpellier, la subdélégation de Carcassonne, le bureau des finances de Castelnaudary, les assemblées provinciales du Languedoc, et diocésaines de Carcassonne, Narbonne, Alet, St-Papoul. — Les terres de Chalabre, de Mérinville et diverses seigneuries. — Les communes et municipalités qui composent aujourd'hui le département de l'Aude ; les notaires et tabellions de Carcassonne, La Grasse, Montolieu, Carlipa, etc. ; les jurandes, confréries et sociétés laïques de Limoux, Castelnaudary, Narbonne.

Les archives ecclésiastiques comprennent les pièces concernant l'archevêché de Narbonne et le chapitre métropolitain de St-Just ; les évêchés et les chapitres de Carcassonne et d'Alet ; l'ancienne officialité de Carcassonne ; les collégiales de Castelnaudary et de Montréal ; les abbayes de La Grasse, Caunes, Montolieu, Fontfroide, Lamourguier, Saint-Hilaire, Villelongue ; les couvents, tant d'hommes que de femmes, de Carcassonne, de Narbonne, de Montréal, d'Alet, etc.

La riche abbaye de La Grasse est celle qui a fourni les documents les plus curieux. Nous signalerons les cartulaires qui portent les noms de Livre vert et de Livre noir, et qui contiennent la transcription de divers actes depuis 806 jusqu'à 1769. Mais la pièce la plus importante est un diplôme de Charlemagne, de l'année 778; nous n'en connaissons pas d'aussi bien conservé. — Un fac-simile de ce précieux document figure dans la Palographie universelle publiée, en 1839, par MM. Champollion père, Aimé Champollion fils et Silvestre. Nous en avons donné une leçon dans l'Histoire du Comté et de la Vicomté de Carcassonne, I, aux preuves, 3.

BIBLIOTHÈQUE PUBLIQUE DE CARCASSONNE.

La Bibliothèque publique est placée dans un édifice bâti par les jésuites vers le commencement du XVII⁰ siècle, et occupé en ce moment par le collége communal de Carcassonne. Elle a été formée en 1792 par les soins des professeurs de l'Ecole Centrale, au moyen des livres et des manuscrits recueillis chez les émigrés, dans les couvents et les maisons religieuses. Elle est composée de 14,000 volumes environ.

Au nombre des manuscrits que renferme cet établissement nous citerons les suivants :

Gesta Caroli Magni, de captione Carcassone et Narbone. — Mémoires de Jacques Gaches, concernant les guerres religieuses du Midi de la France, de 1555 à 1610. — Quintiliani institutiones oratoriæ, annotées par Jean de Joffroy. — Francisci Petrarchæ epistolæ rerum senilium libri XVII. — Missale secundum usum et consuetudinem Ecclesiæ Carcassonensis. — Flamenca: on lit dans les premiers feuillets qui ont été annexes à ce manuscrit : « Passy-les-Paris, le 15 juin 1834. — Ce manuscrit est précieux parce qu'il n'en existe pas d'autres du roman qu'il contient et dont aucun auteur n'a fait mention..... L'écriture est de la première moitié du XIVᵉ siècle. L'action se passe vers le milieu du XIIᵉ siècle ; la plupart des noms des personnages sont historiques. Signé : RAYNOUARD. »— M. Raynouard a consacré à l'analyse de ce manuscrit les quarante-sept premières pages de son *Lexique-Roman.*

COLLECTIONS DU MUSÉE DE CARCASSONNE.

La Société des arts et des sciences de Carcassonne, fondée en 1836, a commencé à former des collections de peinture, de sculpture, d'antiquités et de médailles qu'elle a fait déposer dans un local provisoire, en attendant que l'administration municipale puisse mettre à sa disposition un édifice approprié.

Les salles provisoires du Musée de Carcassonne sont situées dans la rue Lafayette, 50, et renferment cent quarante tableaux, au nombre desquels nous mentionnerons les suivants :

Paysage de Coignet, représentant une vue des Pyrénées, n° 11. — Tableau historique de Mausaisse, Louis-Philippe à Valmy, en 1832, 67. — Tableau de nature morte, par Wenix, 104. — Portrait d'une jeune Espagnole, par Raoux, 78. — Deux portraits, par Rigaud, 79 et 80. — Une sainte Cécile, par Leloir, laquelle a été gravée et lithographiée, 62. — Le pêcheur de la nymphe, par H. Lehmam, 61. — Deux jolis paysages ovales de Lucatelli, 64 et 65. — De beaux paysages d'Hostein, de Buttura, de Watelet, de Justin Ouvrié, de C. Brune, 42, 135, 103, 72 et 8. — Un portrait en pied de Charles X, par Gérard, 34. — Deux marines de Jules Hintz, 138 et 139. — Un tableau de genre d'Ed. Girardet, lequel a été gravé par Jouanin, 137.— Une tête d'étude, par mad. Grun. 36. — Un portrait, par Subleyras. — Un tableau de Wattier, dans le genre de Watteau, 149. — Un bouquet de fleurs, par C. Van Spaendonck, 90. etc.

On sait qu'en 1848 le gouvernement a invité les sociétés savantes à former une collection iconographi-

que des personnages célèbres des départements.
La Société des arts et des sciences de Carcassonne s'était occupée de cet objet depuis plusieurs années. Elle a réuni les portraits de Bernard de Montfau-
con, d'Andréossy, de Dejean, de Gamelin, de Fabre
de l'Aude, de Ramel, de Fabre d'Eglantine, de Bos-
quet, de Marie de Pech-de-Calage, et d'autres personnages célèbres du département de l'Aude.

<hr/>

ERRATA.

Lisez : page 45, ligne 2, militaire intérieure. — 63, 14, pont de bois; l'appro-
en était. — 64, 12, le XI siècle. — 78, 20, mais cinq ans après. — 83, 10, de
1301 à 1320. — 83, 13, (1508).— 175, 23, français qu'il avait auprès de lui. —
135, 23, Ἄταξ par Strabon.

<hr/>

Depuis l'impression de la note insérée à la page 148
et suivantes, le Conseil municipal de Carcassonne et le
Conseil général de l'Aude, ont demandé au gouvernement de classer de nouveau la Cité au nombre des places de guerre. Les délibérations de ces deux assemblées, ainsi que celle de la Société des arts et des
sciences, ont été transmises à l'autorité compétente par
M. Dugué, préfet de l'Aude, qui, en a senti toute l'importance et les a vivement appuyées.

Nous sommes heureux d'apprendre que le décret du
8 juillet 1850 vient d'être rapporté, en ce qui concerne
notre ville. Nous félicitons M. le général d'Hautpoul,
ministre de la guerre et représentant de l'Aude, d'avoir
accueilli les réclamations qui lui ont été adressées, et
de tenir à honneur d'attacher son nom à la conservation de la Cité de Carcassonne comme *monument historique militaire.*   (4 septembre 1850.)

TABLE.

www.ingramcontent.com/pod-product-compliance
Lightning Source LLC
Chambersburg PA
CBHW071944090426
42740CB00011B/1820